2 Das Smartphone schützen 51

3 Das Smartphone personalisieren 58

4 Alles rund um Apps 70

Vorwort

Wir möchten Ihnen die wichtigsten Einstellungen, Apps und Einsatzmöglichkeiten Ihres neuen Samsung Galaxy A12 näherbringen. Wir starten mit der Einrichtung Ihres Android-Smartphones, erklären grundlegende Einstellungen und zeigen Ihnen im Laufe des Buchs, wie das Smartphone zum täglichen, hilfreichen Begleiter werden kann. Hier noch einige wichtige Informationen vorab:

Was ist Android?

Android ist das Betriebssystem Ihres Smartphones. Es bildet die Plattform zur Speicherung der Apps und zur Ausführung aller Gerätefunktionen. Hersteller, wie z. B. Samsung, LG, Xiaomi, Sony, Wiko, Google etc., verwenden Android für ihre Smartphones.

Die aktuelle Version ist Android 11. Mit der vorherigen Version, Android 10, beendete Google die Tradition, die Versionen nach Süßwaren zu benennen: Android 9 - Pie, Android 8 - Oreo oder Android 7 - Nougat. Die aktuelle Version wird nicht notwendigerweise allen Geräten zur Verfügung gestellt. Selbst wenn Sie ein neues Gerät gekauft haben, kann dort eine ältere Version von Android installiert sein.

Das Samsung Galaxy A12 verwendet Android 10, also nicht die neueste Version. Das tut der Funktionalität Ihres Smartphones keinen Abbruch. Bis jetzt sieht es so aus, dass Samsung für Ihr Smartphone ein Softwareupdate im Laufe des Jahres 2021 zur Verfügung stellt. Was Sie auf jeden Fall erhalten, sind Sicherheitsupdates.

Nutzung von WLAN und mobilen Netzen

WLAN steht für Wireless Local Area Network, also ein kabelloses lokales Netzwerk. Für Zuhause haben Sie im Zuge eines Vertragsabschluss mit einem Provider (z. B. Vodafone, Telekom, 1&1 etc.) wahrscheinlich einen Router (Internetzugang über die Telefonleitung) oder ein Kabelmodem (Internetzugang über eine TV-Kabelverbindung) erhalten und eingerichtet. Mit diesem Gerät verbinden Sie Ihr Smartphone, aber auch den Computer, Laptop oder das Tablet und erhalten dadurch eine Verbindung zum Internet. Außerhalb eines WLANs verbindet sich das Smartphone über das Mo-bilfunknetz mit dem Internet (mobile Datenverbindung).

Datenvolumen in mobilen Netzen

Als Teil Ihres Vertrags für Ihr Smartphone wird Ihnen ein bestimmtes Daten-volumen für den laufenden Monat zur Verfügung gestellt, z. B. 1 GB (ein Gi-gabyte). Dieses Datenvolumen verbrauchen Sie, wenn Sie **nicht** mit einem WLAN-Netzwerk verbunden sind und im Internet surfen oder WhatsApp verwenden. Sie nutzen dann eine mobile Datenverbindung. Wenn das Da-tenvolumen aufgebraucht ist, ist die Nutzung der genannten Dienste zwar theoretisch noch möglich, aber praktisch zu langsam, da die Geschwindig-keit von den Anbietern „gedrosselt" wird. Manche Verträge sehen aber auch vor, dass das Datenvolumen für diesen Fall automatisch kostenpflichtig er-weitert wird.

> Da Ihr Datenvolumen begrenzt ist und Ihr Netzwerk zu Hause in der Regel nicht, sollten Sie manche Dinge lieber im heimischen WLAN erledigen, z. B. Videos bei WhatsApp oder YouTube anschauen, viele Fotos verschicken oder Updates durchführen.

Nützliches Zubehör

Es gibt viele praktische Helfer für das Smartphone; aus diesem Universum haben wir einige ausgewählt, deren Anschaffung Sie bedenken sollten:

Hülle und Displayschutz: Schützen Sie Ihr Smartphone durch eine Hülle vor Schäden. Taschen und Schutzhüllen gibt es in allen Farben und Formen. Da-neben gibt es auch Displayschutzfolien, die den Bildschirm gegen Kratzer und Bruch schützen und zusätzlichen Reflexionsschutz bieten können. Das blasenfreie Aufbringen der Schutzfolie kann unter Umständen Schwierig-keiten bereiten.

Eingabestift: Wenn Ihnen die Fingereingabe über den Bildschirm Probleme bereitet, empfehlen wir einen Eingabestift. Er erleichtert die Auswahl klei-ner Symbole enorm. Vorsicht! Auf dem Markt gibt es günstige Eingabestifte mit Metallspitze, die das Display zerkratzen können.

Haltegriff/Handyhalter: An der Rückseite des Smartphones kann zusätzlich ein Griff angebracht werden, der das einhändige Halten des Smartphones erleichtert.

Externer Akku/Powerbank: Auf Reisen hilft ein externer Akku. Wenn gerade keine Steckdose in der Nähe ist, können Sie das Smartphone so wieder aufladen.

Je nachdem, wie Sie Ihr Smartphone hauptsächlich nutzen, gibt es eine Reihe weiterer Hilfsmittel, z. B. Objektive und Stative für Smartphonefotografen, KFZ- und Fahrradhalterung für diejenigen, die mit dem Handy navigieren oder Bluetooth-Lautsprecher bzw. -Kopfhörer für Musikliebhaber.

Über dieses Buch

▶ Befehle und Bezeichnungen von Schaltflächen sind zur besseren Unterscheidung farbig und kursiv hervorgehoben, zum Beispiel: Öffnen Sie die Smartphone-*Einstellungen*.

▶ Im Text finden Sie Nummerierungen ❶. Diese beziehen sich in der Regel auf die darunter aufgeführten Bilder. Auf Ausnahmen wird hingewiesen.

▶ In der Tat gibt es am Smartphone viel einzustellen. Das gilt einmal für das Handy selbst. Die meisten Optionen finden Sie in diesem Fall in der App *Einstellungen* ⚙.

Daneben verfügen auch die einzelnen Apps über einen Bereich für Anpassungen. Dieser wird in der Regel ebenfalls als Einstellungen bezeichnet und oft auch durch ein Zahnradsymbol visualisiert.

Deshalb fügen wir zur besseren Unterscheidung für die App *Einstellungen* das Symbol ⚙ an.

▶ Wir haben ein Glossar für Sie zusammengestellt. So können Sie, wann immer Sie im Text einen Begriff nicht verstehen, im Glossar nachsehen.

Spickzettel
Schnelle Bedienungshilfen für das Smartphone.

Wichtige Bedienungsschritte haben wir für Sie auf Spickzetteln zusammengefasst. Ausführliche Erläuterungen finden Sie selbstverständlich auch im Buch. Die Spickzettel helfen, wenn Sie schnell etwas nachschauen möchten. Damit sie leicht zu finden sind, haben wir sie an den Anfang des Buchs gesetzt.

Auf den nächsten Seiten finden Sie Kurzanleitungen für folgende Themen:

 **Fingersteuerung**

Tippen = Öffnen

Einmaliges, kurzes Tippen auf eine App, auf ein Symbol oder einen Menüeintrag ▶ öffnet die App, öffnet ein Auswahlmenü oder zeigt ein Untermenü an.

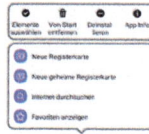

Tippen und halten = Kontextmenü anzeigen

Tippen und den Finger auf dem Bildschirm bzw. einer App halten ▶ öffnet ein Menü (Kontextmenü), welches Befehle anzeigt, die für das angetippte Element zur Verfügung stehen.

Tippen, halten und ziehen = Verschieben

Das App-Symbol antippen, gedrückt halten und an eine Position ziehen ▶ App verschieben.

Wischen = Blättern, auch scrollen genannt

Mit dem Finger von unten nach oben bzw. von rechts nach links und natürlich auch jeweils umgekehrt über das Display streichen ▶ blättern zwischen verschiedenen Seiten oder Bildschirmen.

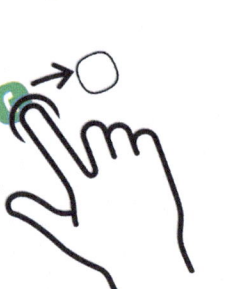

Zwei Finger auseinander ziehen = vergrößern, auch zoomen genannt

Ziehen Sie auf dem Bildschirm zwei Finger auseinander ▶ der angezeigte Inhalt wird vergrößert. Beim Zusammenziehen der Finger wird der Inhalt wieder verkleinert.

Kleine Taschenlampe brenn!

Wahnsinnig praktisch, wenn man draußen im Dunkeln mal schnell ein Licht benötigt, ist die Funktion Taschenlampe. Sie gehört zu den Schnelleinstellungen.

1 Wischen Sie vom oberen Rand über den Bildschirm und zeigen Sie die Schnelleinstellungen an. Wenn Sie nur einen Teil der Schnelleinstellungen anzeigen, befindet sich das Symbol in der obersten Zeile

2 Wenn Sie die gesamte Seite der Schnelleinstellungen anzeigen, befindet sich die Taschenlampe in der zweiten Reihe.

3 Tippen Sie auf das Symbol, um diese zu aktivieren. Das Symbol wird blau hinterlegt.

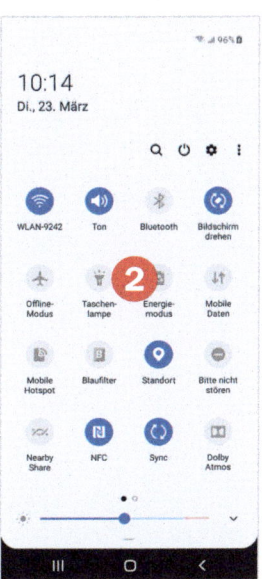

Über denselben Weg schalten Sie die Taschenlampe wieder aus.

Weitere Informationen zur Verwendung der Schnelleinstellungen finden Sie ab Seite 47.

Die Sprache der Apps verstehen

Apps haben ihre eigene Sprache. Wenn Sie diese verstehen, können Sie sich schnell auch in neuen Anwendungen zurechtfinden. Folgende Befehle werden immer durch ähnliche grafische Darstellungen gekennzeichnet.

Befehl	Symbol
Suchfunktion	🔍
Menü: Anzeige von weiteren Bearbeitungsbereichen, z. B. Einstellungen oder Konto	☰ oder ⋮
Teilen, Inhalte der App versenden via E-Mail, WhatsApp etc., auf einem Cloud-Speicher ablegen oder in eine andere Anwendung laden	🔗
Löschen des markierten Elements	🗑
Einstellungen der App aufrufen	⚙
Schließen, z. B. eingeblendete Werbung	✖
Chat: Nachricht schreiben	💬
Kontaktinformationen hinterlegen oder einfügen	👤
Wecker oder Erinnerung ist aktiv	⏰
Warenkorb/Einkaufswagen	🛒
Favoriten: Das markierte Element kann als Favorit festgelegt werden und wird dadurch gesondert angezeigt.	♡
Video starten	▶
Video pausieren	⏸
Kalender anzeigen	📅

Befehl	Symbol
Brief/E-Mail	✉
Dreieck mit Ausrufezeichen: Warnung	⚠
Datei anhängen	📎
Anzeigen, z. B. ein Kennwort, und wieder verstecken	👁 👁
Cloud (Wolke): zusätzlicher externen Speicherplatz	☁
Standortermittlung (GPS-Ortung) benötigen viele Apps, um passende Informationen bereitzustellen, z. B. Wetter.	📍
Offline-Modus, Schlafmodus oder Flugmodus: Alle Netzverbindungen, WLAN und Bluetooth werden deaktiviert.	✈
Startseite der App	🏠
Über die Glühbirne erhalten Sie Tipps oder weitere Infos.	💡
Durch Antippen des Häkchens bestätigen Sie eine Eingabe.	✓
Bearbeiten eines Eintrags	✎

 Freunde anrufen

1 Öffnen Sie die App Telefon 🅒 und wählen Sie unten *Kontakte* ❶ aus.

2 Tippen Sie auf die Kontaktdaten der Person, die Sie anrufen möchten. Dadurch wird die Telefonnummer ❷ des Kontakts angezeigt.

3 Tippen Sie auf das Telefonsymbol ❸.

4 Die Person wird angerufen. Durch Antippen des roten Hörers beenden Sie das Gespräch.

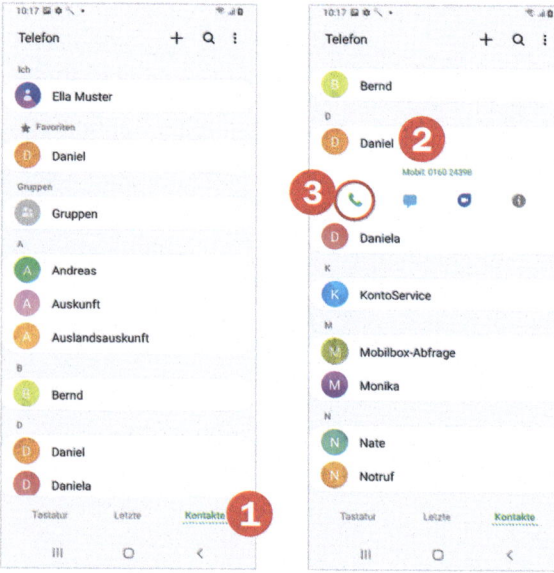

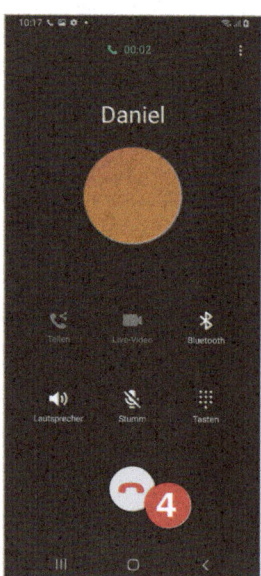

> Wenn Sie versehentlich die falsche Person anrufen, können Sie durch Antippen des roten Hörers ❹ den Anrufversuch abbrechen.

Weitere Informationen finden Sie ab Seite 81.

5 In WhatsApp chatten

1 Öffnen Sie WhatsApp . Tippen Sie den Chat mit der Person an ❶, der Sie eine Nachricht schreiben möchten.

2 Tippen Sie in das Nachrichtenfeld ❷ und geben Sie Ihre Antwort ein.

3 Über das Büroklammer-Symbol ❸ und Auswahl von *Galerie* können Sie auch ein Bild verschicken.

4 Tippen Sie auf *Senden*.

Weitere Informationen finden Sie ab Seite 95.

6 Videotelefonat in WhatsApp

1 Zeigen Sie den Chat mit der Person an, die Sie anrufen möchten.

2 Tippen Sie oben rechts auf das Videosymbol ❶ und bestätigen Sie mit Antippen von *Anruf*.

3 Am bequemsten ist es, wenn Sie das Smartphone auf dem Tisch an etwas anlehnen; vielleicht können Sie auch etwas zweckentfremden, z. B. einen Notenständer. Achten Sie darauf, dass die Frontkamera nicht verdeckt wird.

4 Zunächst sehen Sie sich selbst auf dem Bildschirm des Smartphones. Nachdem der Angerufene das Gespräch angenommen hat, erscheint dieser groß auf dem Bildschirm.

5 Durch Antippen des roten Hörers ❷ beenden Sie das Gespräch.

Mikrofon/Ton ausschalten; nochmaliges Antippen schaltet den Ton wieder an.

Bildübertragung ausschalten und wieder einschalten.

Wechsel von Front- zu Hauptkamera: Dadurch wird nicht mehr das eigene Bild gezeigt, sondern der Raum.

Weitere Informationen finden Sie ab Seite 95.

 Foto knipsen

1 Öffnen Sie die App *Kamera* 📷. Der Aufnahmemodus *Fotos* ❶ ist ausgewählt.

2 Richten Sie das Smartphone auf das Motiv und wählen Sie das passende Objektiv ❷.

3 Tippen Sie mit dem Finger auf den Teil des Motivs, auf den scharf gestellt werden soll ❸.

4 Tippen Sie auf den Auslöser ❹.

5 Sie sehen, dass die Aufnahme funktioniert hat, wenn das geknipste Foto als Vorschaubild ❺ erscheint.

Weitere Informationen finden Sie ab Seite 100.

Foto verschönern und versenden

1 Zeigen Sie das Bild in der App *Galerie* an und tippen Sie auf das Stift-Symbol ❶ und dann auf das Filtersymbol ❷.

2 Wählen Sie einen Filter, z. B. *Warm* ❸ aus und tippen Sie rechts oben auf *Speichern*.

3 Tippen Sie dann auf das Symbol für *Senden* ❹. Hier stehen verschiedene Optionen zur Verfügung, wie Sie das Foto verschicken können z. B. Gmail, WhatsApp oder auch Nachrichten sind möglich. Allerdings kann der Versand über Nachrichten, auch als MMS bezeichnet, zusätzliche Kosten verursachen. Wir wählen hier *Gmail* ❺, also den Versand als E-Mail-Anhang.

4 Geben Sie dann in Gmail die Emfängeradresse, einen Betreff und eine kurze Nachricht ein und tippen sie auf *Senden* ❻.

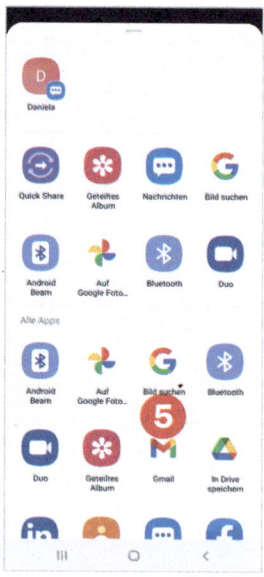

Weitere Informationen finden Sie ab Seite 108.

9 Termin eintragen

1 Öffnen Sie die App Kalender 26. Tippen Sie auf den Tag, für den Sie einen Termin eintragen möchten, und dann auf das Plus-Symbol ❶.

2 Geben Sie eine Bezeichnung für den Termin ein ❷.

3 Tippen Sie auf die Uhrzeit ❸ und dann nochmals, um die Zahlentastatur anzuzeigen. Geben Sie den Beginn des Termins ein.

4 Tippen Sie auf *Speichern* ❹.

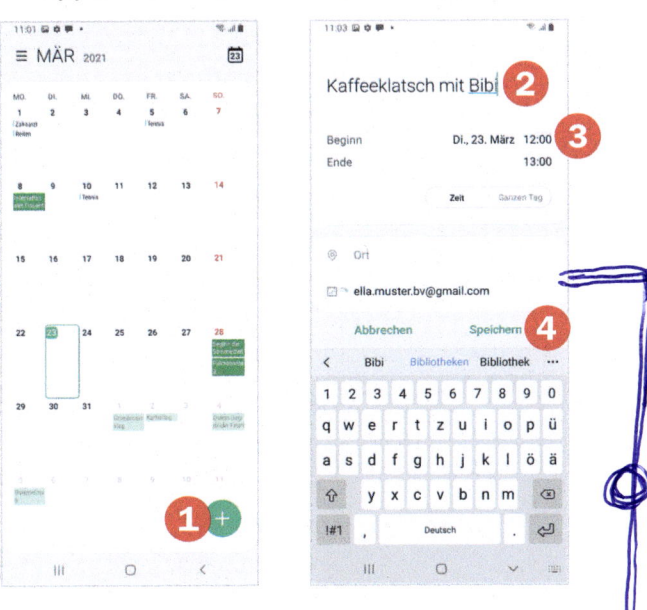

Weitere Informationen finden Sie ab Seite 117.

10 Alarm für den nächsten Morgen

1 Öffnen Sie die App Uhr und zeigen Sie den Bereich *Alarm* **1** an.

2 Tippen Sie auf das Plus-Symbol **2**.

3 Stellen Sie oben die Weckzeit ein und tippen Sie auf *Speichern* **3**.

4 Die Stunden **4** werden angezeigt, nach deren Ablauf der Alarm ertönt. So können Sie verifizieren, dass der Alarm korrekt eingestellt ist.

Weitere Informationen finden Sie ab Seite 121.

Bedienelemente am Gehäuse

Kamera + Blitz

SIM-Karten Nano-SIM/
Speicherkarte microSD
Kartenhalter mit mitgelieferten
Werkzeug entnehmen

Frontkamera für Selfies

Lautstärketaste: oben lauter,
unten leiser

Funktionstaste + Fingerabdrucksensor
kurz drücken: Bildschirm einschalten bzw. sperren
lang drücken: Smartphone ausschalten und einschalten

Wenn der Bildschirm schwarz
ist, drücken Sie kurz die Funktionstaste, um diesen zu aktivieren.

Lautsprecher/Mikrofon

Multifunktionsbuchse USB Typ C,
z. B. hier zum Laden anschließen

Anschluss für Kopfhörer

1 Handy einrichten und loslegen

Wenn Sie Ihr neues Smartphone gerade aus seiner Schachtel befreit haben, dann gibt es jetzt einiges zu tun: SIM-Karte einlegen, Verbindung mit einem WLAN herstellen und Konto einrichten. Vielleicht wurde das alles schon für Sie erledigt, dann können Sie die nächsten beiden Kapitel überspringen und gleich auf Seite 33 fortfahren.

Diese Dinge sollten Sie parat haben, bevor Sie mit der Einrichtung Ihres Smartphones loslegen:

▶ SIM-Karte

▶ PIN für die SIM-Karte

▶ Handynummer

▶ Name Ihres WLANs und Kennwort

▶ Benutzername und Passwort für das Google-Konto. Falls Sie eine E-Mail-Adresse wie etwa *beispielname@gmail.com* oder *beispielname@googlemail.com* verwenden, dann haben Sie ein Google-Konto und können diese Adresse während des Einrichtungsprozesses nutzen.

1.1 SIM-Karte einlegen und Einrichtung starten

▶ Laden Sie den Akku Ihres Smartphones auf. Legen Sie eine SIM-Karte ein. Dazu verwenden Sie den mitgelieferten Schlüssel und stecken diesen auf der linken Seite des Smartphones in das kleine Loch. Dadurch wird der Kartenhalter entriegelt und Sie können diesen entnehmen.

 Es können bis zu zwei Nano-SIM-Karten eingelegt werden. Legen Sie in den mittleren Steckplatz Ihre SIM-Karte ein. Die goldene Seite der Karte zeigt nach unten.

Hier kann eine microSD-Karte für mehr Speicherplatz dazugesteckt werden.

Ihr Android-Gerät lässt sich auch vorerst ohne SIM-Karte aktivieren, das Smartphone benötigt dann aber zumindest einen Internetzugang über WLAN.

▶ Drücken Sie zum Erststart die Funktionstaste länger und geben Sie, wenn erforderlich, Ihre PIN (vierstellige Zahl, die Sie mit Ihrer SIM-Karte erhalten haben) ein. Drücken Sie auf den weißen Pfeil unter *Los geht's!*. Deutsch ist als Sprache bereits ausgewählt. Falls Sie eine andere verwenden möchten, tippen Sie diese an. Bestätigen Sie mit *Weiter*.

▶ *Geschäftsbedingungen*: Durch Antippen von *Details* können Sie die einzelnen Informationen anzeigen und durchlesen. Mit der Zurück-Taste gelangen Sie zur vorigen Seite. Alle Einträge ❶, die nicht mit *optional* gekennzeichnet sind, müssen angetippt und damit akzeptiert werden, um fortfahren zu können. Erst dann können Sie auf *Weiter* tippen.

▶ *WLAN*: Verbinden Sie Ihr Smartphone mit dem WLAN. Hierzu wählen Sie aus der Liste der vorhandenen Netze das gewünschte aus und geben das Passwort ein. Tippen Sie dann auf *Verbinden*. Nach Verbindungsaufbau wird das Netzwerk blau hinterlegt ❷. Tippen Sie auf *Weiter*.

▶ Als Nächstes folgt *Apps & Daten kopieren*. Wir gehen davon aus, dass Sie Einsteiger sind und noch kein Vorgängersmartphone besitzen. Tippen Sie links unten auf *Nicht kopieren* ❸. Wie man Inhalte von einem alten auf ein neues Smartphone überträgt, erfahren Sie ab Seite 150.

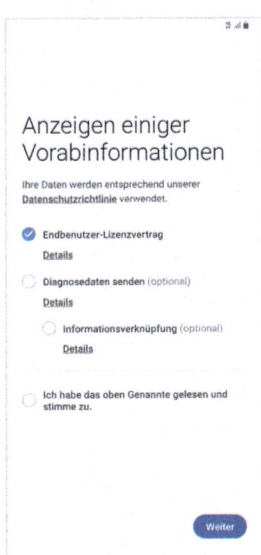

▶ *Konto hinzufügen*: Über das Google-Konto laden Sie Apps im Play Store herunter oder sichern Ihre Daten online. Falls Sie bereits ein Google-Konto haben, geben Sie zunächst die E-Mail-Adresse ein, tippen auf *Wei-*

ter, tragen dann das Passwort ein und tippen erneut auf *Weiter*. Danach müssen durch Anklicken von *Ich stimme zu* die Nutzungsbedingungen von Google akzeptiert werden, um fortfahren zu können. Falls Sie noch kein Google-Konto besitzen, tippen Sie auf *Konto erstellen*. Wie man ein Google-Konto erstellt, erfahren Sie gleich im Anschluss auf Seite 28.

▶ In den weiteren Schritten werden Sie aufgefordert, einzelne *Dienste* zu aktivieren bzw. deaktivieren. Das ist unter anderem der Google Assistent (Sprachassistent), dem Sie durch Anklicken von *Aktivieren* zusätzliche Informationen für eine bessere Bedienung zur Verfügung stellen. Falls Sie das nicht möchten, tippen Sie auf *Nein danke*.

▶ Außerdem können Sie die Sicherung Ihrer Daten auf Google ④ Drive und die *Standortermittlung* (Position des Smartphones wird ermittelt) aktivieren. Viele Apps (Wetter, Google-Suche, Google-Maps, Fahrpläne etc.) nutzen diese Standortinformationen, um Ihnen passgenaue Informationen anzubieten. Mit *WLAN-Suche zulassen* verbessern Sie das Ergebnis der Standortermittlung.

▶ Alle Einstellungen, die Sie hier treffen, können nachträglich verändert werden. Wir raten Ihnen zumindest die Sicherung auf Google-Drive zuzulassen. Tippen Sie am Ende der Liste auf *Akzeptieren* ⑤.

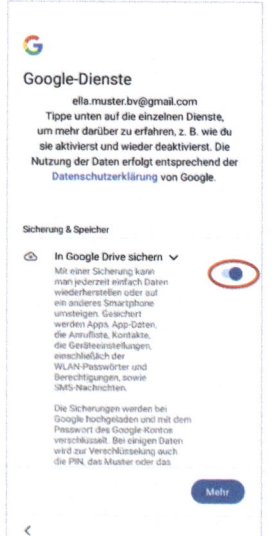

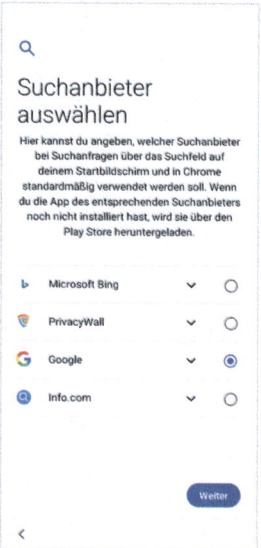

Im Bild links wird Google Drive verwendet - der Schalter ist auf Ein.
Im Bild in der Mitte werden keine Nutzerdaten gesendet - der Schalter ist auf Aus.

▶ Wählen Sie anschließend einen *Suchanbieter* aus, der über das Suchfeld auf Ihrem Startbildschirm und in Chrome standardmäßig verwendet werden soll. Wir schlagen vor, dass Sie hier *Google* ➏ antippen und dann mit *Weiter* bestätigen.

▶ Bei *Schutz Ihres Telefons* bestimmen Sie die Entsperrmethode Ihres Smartphones, z. B. eine Zahlenkombination, die Sie eingeben müssen, bevor Sie das Smartphone verwenden können. Wir wählen hier zunächst *Überspringen* ➐ aus, damit Sie es nach der Einrichtung leichter haben, das Gerät zu entsperren und etwas Geläufigkeit zu gewinnen. Dennoch sollten Sie unbedingt nachträglich den Geräteschutz aktivieren. Wie das geht, lesen Sie in Kapitel 2 ab Seite 51.

🔒

Schutz Ihres Telefons

Verhindern Sie, dass andere Personen dieses Telefon ohne Ihre Erlaubnis verwenden, indem Sie die Geräteschutzfunktionen aktivieren.

Gesichtserkennung

Fingerabdrücke

Muster

PIN

Passwort

Überspringen

‹

▶ Danach erhalten Sie eine Liste mit weiteren Apps. Durch Anklicken der blau hinterlegten Häkchen ➑ entfernen Sie Apps aus der Auswahl und verhindern, dass diese auf dem Smartphone installiert werden. Wischen Sie dann mit dem Finger vertikal von unten nach oben über den Bildschirm und tippen Sie auf *OK*.

▶ Auf der nächsten Seite entscheiden Sie auf die gleiche Weise, ob Sie die von Samsung zur Verfügung gestellten Apps verwenden möchten. Klicken Sie dann auf *Weiter*.

> Lassen Sie zumindest die App Samsung Notes installieren; wir verwenden diese später noch im Buch.

▶ Zu guter Letzt können Sie zusätzlich zu Ihrem Google-Konto auch ein Samsung-Konto erstellen. Das hat vor allem den Vorteil, dass Sie den Dienst *Find my Mobile* nutzen können, der Ihnen hilft, das verlorene Smartphone zu orten. Das Konto kann aber auch nachträglich eingerichtet werden. Klicken Sie hier auf *Überspringen*.

▶ Jetzt sind Sie am Ende der Einrichtung angelangt. Tippen Sie auf *Beenden*. Die SIM-Kartenverwaltung meldet sich noch mit einer Anzeige. Dieser Bereich wird erst interessant, wenn Sie zwei SIM-Karten verwenden. Tippen Sie hier nur auf *Fertig*. Falls Sie noch aufgefordert werden, Apps zu entdecken, klicken Sie oben rechts auf *Später*.

▶ Jetzt wischen Sie von unten nach oben über den Bildschirm, um diesen zu entsperren.

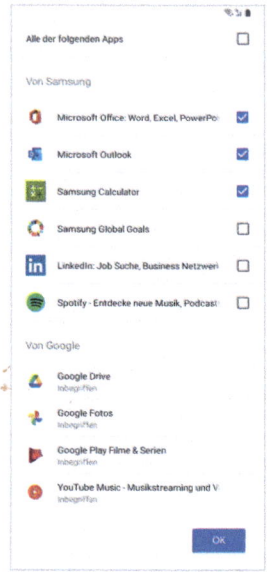 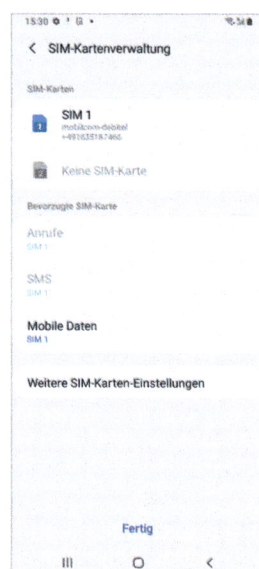 

1.2 Das Google-Konto

Ein Android-Smartphone ohne Google-Konto zu verwenden, ist möglich. Allein durch den fehlenden Zugriff auf Google-Dienste wie den Play Store (Herunterladen von Apps) raten wir aber davon ab.

Google-Konto im Einrichtungsprozess erstellen

Sie richten gerade Ihr Smartphone ein und haben noch kein Google-Konto? So geht's:

> Wenn Sie eine E-Mail-Adresse verwenden, die auf eine der folgenden Bezeichnungen endet: *@googlemail.com* oder *@gmail.com*, dann haben Sie bereits ein Google-Konto.

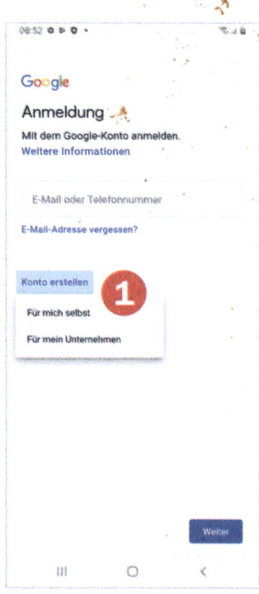

1 Klicken Sie im Einrichtungsprozess auf *Konto erstellen* ❶ und wählen Sie *Für mich selbst* aus.

2 Geben Sie Ihren Vor- und Nachnamen ein ❷ und tippen Sie auf *Weiter*.

3 Anschließend geben Sie Ihr Geburtsdatum und Ihr Geschlecht ein.

4 Im Anschluss wird ein Vorschlag für eine verfügbare Google-Mail-Adresse generiert. Falls Ihnen eine der angegebenen Adressen gefällt, wählen Sie diese durch Antippen aus. Wenn Sie genaue Vorstellungen von Ihrer Adresse haben, tippen Sie auf *Gmail-Adresse erstellen* ❸. Geben Sie dann eine neue E-Mail-Adresse ein ❹. Ihre Wunsch-E-Mail-Adresse muss noch verfügbar sein, d. h. es darf keine andere Person dieselbe Adresse nutzen. Wenn der Nutzername schon vergeben ist, versuchen Sie es mit einer anderen Namensvariation. Tippen Sie dann auf *Weiter*.

> Es ist nicht zwingend erforderlich, Ihren richtigen Namen anzugeben, wenn Sie ein Google-Konto erstellen. Bei manchen Google-Diensten wird der Name öffentlich angezeigt.

▶ Erstellen Sie ein Passwort (Kombination aus Buchstaben, Sonderzeichen und Zahlen). Das Passwort sollte mindestens 10 Zeichen enthalten, gerne mehr. Notieren Sie schon während des Prozesses Ihre E-Mail-Adresse und Ihr Kennwort. Wenn Sie in das Kästchen vor Passwort anzeigen tippen, wird die Zeichenkombination angezeigt und Sie können sich vergewissern, dass Sie sich nicht vertippt haben.

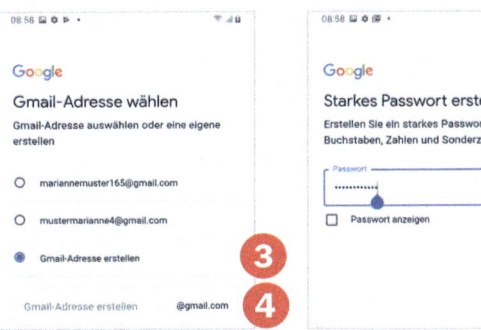

5 Wenn Sie möchten, können Sie Ihre Telefonnummer Ihrem Konto hinzufügen. So können Sie beispielsweise Ihr Passwort zurücksetzen, falls Sie es vergessen haben. Tippen Sie auf *Ja, ich stimme zu* ❺.

6 Im nächsten Schritt müssen Sie die Personalisierungseinstellungen festlegen, um Inhalte und Werbung zu erhalten, die auf Ihre Interessen abgestimmt sind. Wählen Sie hier vorerst *Express-Personalisierung (1 Schritt)* ❻. Sie können dies jederzeit unter *www.account.google.com* ändern. Tippen Sie auf *Weiter* und im nächsten Schritt auf *Bestätigen*.

7 Bestätigen Sie die Nutzungsbedingungen mit *Ich stimme zu*.

8 In den weiteren Schritten werden Sie aufgefordert, einzelne *Dienste* zu aktivieren bzw. deaktivieren ❼. Alle Einstellungen, die Sie hier treffen, können nachträglich verändert werden.

- Google Assistant: Mit diesem Dienst können Sie Ihr Smartphone per Sprachbefehl steuern. Mit *Aktivieren* stellen Sie dem Dienst mehr Informationen für eine bessere Bedienung zur Verfügung.

- Google Drive ist ein Cloud-Speicher für Ihre Daten, d. h. ein Teil Ihrer Daten wird in einem Rechenzentrum von Google gesichert. Bei einem Defekt Ihres Smartphones oder beim Umzug auf ein neues Handy haben Sie so Zugriff auf Ihre Daten. Ist der Schalter auf der Position *Ein*, werden Daten an Google übertragen. Wenn Sie das nicht möchten, ziehen Sie den Schalter mit dem Finger auf *Aus*.

- Wenn Sie mit dem Finger vertikal über das Display von unten nach oben streichen, zeigen Sie die weiteren Einstellungen an.

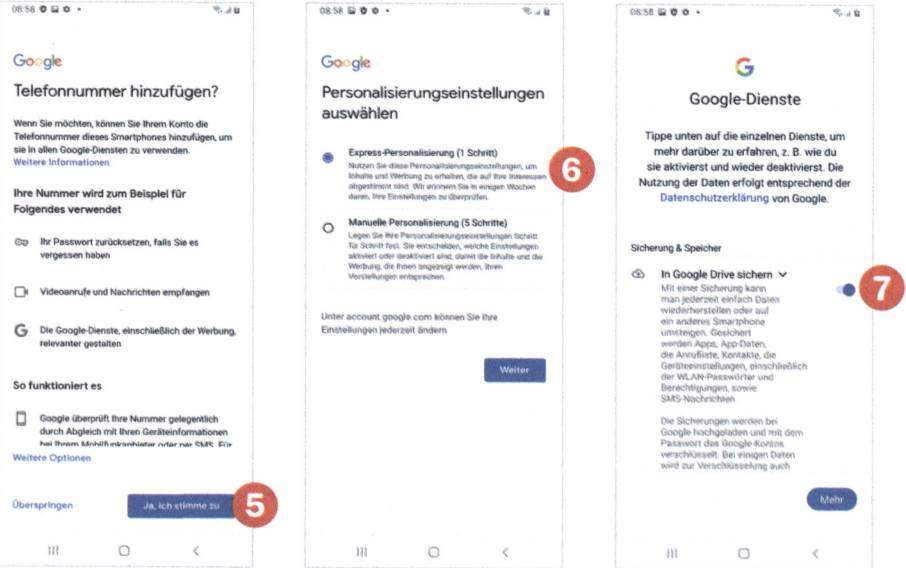

9 Tippen Sie abschließend auf *Konto erstellen*.

Google-Konto nachträglich hinzufügen

Normalerweise wird gleich bei der Einrichtung des Smartphones ein Google-Konto erstellt, das ist aber auch noch nachträglich möglich.

▶ Gehen Sie in die *Einstellungen* ⚙ Ihres Smartphones und suchen Sie hier den Menüpunkt *Konten und Sicherung* ❶ ▶ *Konten*. Anschließend tippen Sie auf *Konto hinzufügen* ❷ und wählen *Google* ❸ aus.

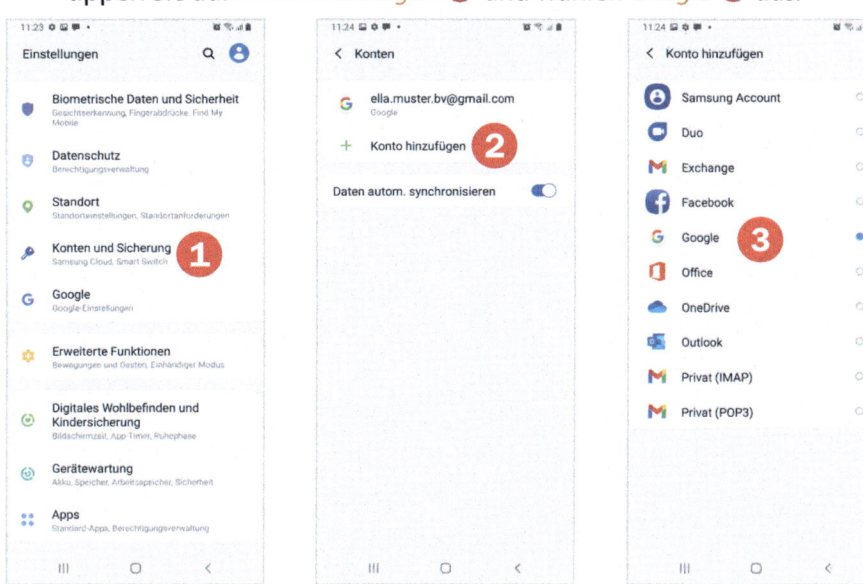

▶ Im nächsten Fenster tippen Sie auf *Konto erstellen* und folgen dann den einzelnen Schritten, wie auf Seite 28 beschrieben.

1.3 Samsung-Konto einrichten

Sie denken jetzt sicher: Nicht schon wieder etwas einrichten! Muss das sein? Nein, Sie können auch damit warten, bis Sie das Konto benötigen und etwas mehr Geläufigkeit mit dem Smartphone gewonnen haben.

Mit einem Samsung-Konto haben Sie Zugriff auf den Galaxy Store. Hier können Sie spezielle Angebote von Samsung nutzen und Apps herunterladen. Außerdem erhalten Sie Zugriff auf die Samsung-Cloud, einen externen Speicher. Der interessanteste Dienst, für den Sie das Konto benötigen, ist *Find my Mobile*. Wenn Sie Ihr Smartphone verlieren, können Sie es mit diesem Dienst orten. Wie das geht, besprechen wir auf Seite 56.

▶ Rufen Sie die Einstellungen ⚙ auf und streichen Sie vertikal von unten nach oben über das Display, um *Konten und Sicherung* ❶ anzuzeigen.

▶ Tippen Sie diese an, wählen Sie dann *Konten* aus und tippen auf *Konto hinzufügen*. Nun wählen Sie *Samsung Account* ❷ aus.

▶ Im nächsten Fenster tippen Sie auf *Konto erstellen* ❸.

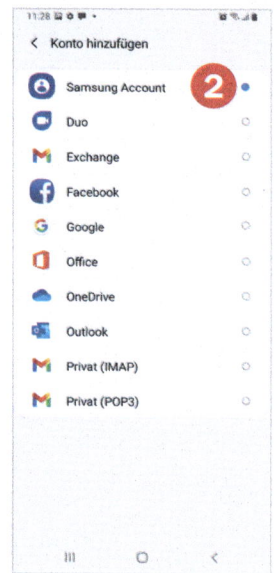

▶ Um fortzufahren, müssen Sie einigen Richtlinien und Bestimmungen zustimmen. Diese können Sie durchlesen, indem Sie auf die unterstrichenen Textteile tippen. Mit der Zurück-Taste zeigen Sie wieder die Übersicht an. Tippen Sie auf *Zustimmen* ❹.

▶ Geben Sie eine E-Mail-Adresse ❺ ein. Das kann Ihre Gmail-Adresse sein, muss es aber nicht. Denken Sie sich dann ein Kennwort aus. Notieren Sie sich beides. Das Kennwort muss aus mindestens acht Zeichen (Buchstaben, Ziffern und Symbole, z. B. ! oder +) bestehen.

▶ Tragen Sie in die Felder darunter Vorname und Nachname ein und tippen Sie auf *Geburtstag* ❻. Durch vertikales Wischen wählen Sie das Datum aus und tippen dann auf *Fertig*.

▶ Tippen Sie abschließend auf *Konto erstellen* ❼. Und bestätigen Sie Ihre Telefonnummer mit *OK*.

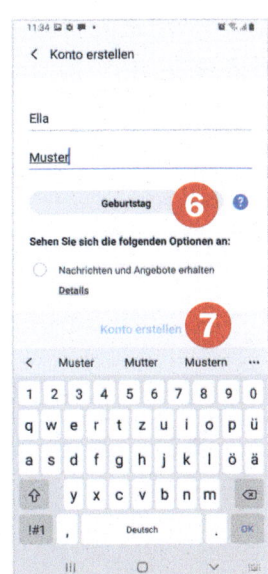

> Tipp: Eingetippte Kennwörter werden zu Ihrer Sicherheit nur als Punkte dargestellt. Tippen Sie auf das Auge-Symbol **8**, wenn Sie das Kennwort anzeigen möchten.

1.4 Die Smartphone-Oberfläche

Nach der Einrichtung des Smartphones geht es jetzt darum, sich zurecht zu finden. Wichtig ist, dass Sie folgende drei Inhalte unterscheiden: Sperr-, Start- und App-Bildschirm.

Sperrbildschirm

Der Sperrbildschirm sichert Ihre Daten, die sich auf Ihrem Smartphone befinden, vor einem unerwünschten Zugriff Dritter. Er wird mit einem Passwort, einer PIN, einem Muster oder einer Fingerabdruck- bzw. Gesichtserkennung ausgestattet (siehe ab Seite 51). Zudem hält er Informationen bereit, wie etwa die Anzeige von Datum, Uhrzeit, Akkustand, Benachrichtigungen etc. und verhindert eine ungewollte Bedienung, z. B. in der Tasche.

▶ **Smartphone entsperren:** Durch ein Drücken der Funktionstaste wird der Sperrbildschirm angezeigt, geben Sie dann Ihre PIN, Ihren Fingerabdruck etc. ein.

▶ **Smartphone sperren:** Sie haben einen Freund angerufen, jetzt wollen Sie das Smartphone wieder in die Tasche stecken. Dann können Sie den Sperrbildschirm einschalten. Drücken Sie dazu die Funktionstaste.

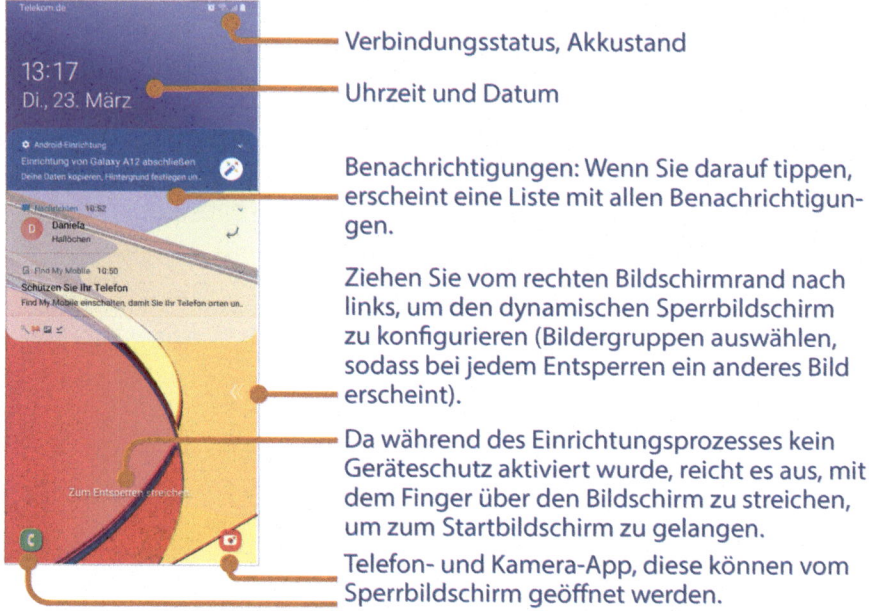

Verbindungsstatus, Akkustand

Uhrzeit und Datum

Benachrichtigungen: Wenn Sie darauf tippen, erscheint eine Liste mit allen Benachrichtigungen.

Ziehen Sie vom rechten Bildschirmrand nach links, um den dynamischen Sperrbildschirm zu konfigurieren (Bildergruppen auswählen, sodass bei jedem Entsperren ein anderes Bild erscheint).

Da während des Einrichtungsprozesses kein Geräteschutz aktiviert wurde, reicht es aus, mit dem Finger über den Bildschirm zu streichen, um zum Startbildschirm zu gelangen.

Telefon- und Kamera-App, diese können vom Sperrbildschirm geöffnet werden.

Startbildschirm

Wenn Sie den Sperrbildschirm entsperren, gelangen Sie zum Startbildschirm. Hier finden Sie eine Auswahl wichtiger Apps (Anwendungen), z. B. die Kamera-App oder die Telefon-App.

Der Startbildschirm kann aus mehreren Bildschirmen bestehen. Auf dem zweiten Bildschirm können weitere Apps angeordnet werden. Der Bereich unten ist auf beiden Startbildschirmen identisch. Wie viele zur Verfügung stehen und was gerade ausgewählt ist, sehen Sie bei Bildschirmwechsel ❶.

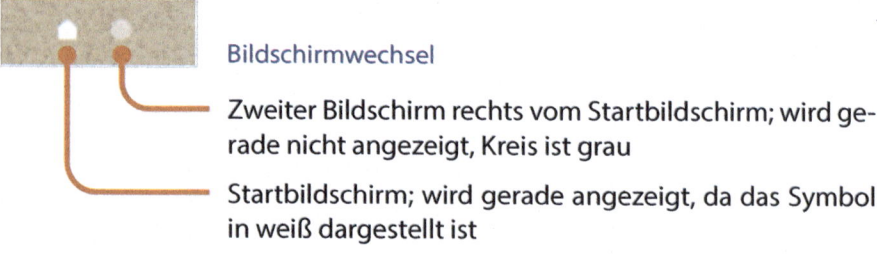

Bildschirmwechsel

Zweiter Bildschirm rechts vom Startbildschirm; wird gerade nicht angezeigt, Kreis ist grau

Startbildschirm; wird gerade angezeigt, da das Symbol in weiß dargestellt ist

▶ Sie wechseln zwischen den Bildschirmen durch vertikales Wischen.

Statusleiste

Wetter-Widget (mehr zu
Widgets auf Seite 64)

Google-Widget: Such-
leiste

Bildschirmwechsel ❶
Wichtige Apps
Navigationstasten ❷

Navigationsleiste

Am unteren Bildschirmrand wird die Navigationsleiste ❷ (Abbildung vorige Seite) angezeigt. Diese wird standardmäßig in der für Samsung üblichen
Anordnung dargestellt mit der Zurück-Taste rechts außen.

Navigationstasten

Mit der *Zurück-Taste* kehren Sie wieder
zum vorigen Bildschirm zurück.

Mit einem kurzen Tippen auf die *Home-
Taste* zeigen Sie den Startbildschirm an.

Die *Alle-Apps-Taste* zeigt eine Übersicht aller geöffneten Anwendungen an.

Achtung! Sollte die Navigationsleiste einmal nicht angezeigt werden, wischen Sie vom
unteren Bildschirmrand nach oben.

App-Bildschirm

Auf dem Startbildschirm finden Sie nur einen Teil der installierten Apps.

Neben den einzelnen Apps werden auf dem App-Bildschirm auch drei Ordner angezeigt: Samsung, Google und Microsoft. Diese enthalten ebenfalls Apps. Tippen Sie den Ordner an, um die darin enthaltenen Apps anzuzeigen.

Ordner sind praktische Helfer, um die Übersicht zu behalten.

Wenn Sie alle Apps anzeigen möchten, wischen Sie mit dem Finger vertikal über den Startbildschirm. So gelangen Sie zum App-Bildschirm. Dieser besitzt zur besseren Unterscheidung eine dunklere Hintergrundgrafik. Je nach Anzahl der installierten Apps sind hier auch mehrere Seiten vorhanden, was Sie an der Anzahl der unten angezeigten Punkte ⚫⚫ erkennen.

1.5 App anzeigen und wechseln

▶ Zum Öffnen einer App tippen Sie diese auf dem Start- oder App-Bildschirm an.

Erstes Starten einer App

Beim allerersten Start einer App müssen Sie in der Regel Zugriffsberechtigungen erteilen, Nutzungsbestimmungen bestätigen oder unter Umständen gleich mal die App aktualisieren. Unten sehen Sie drei Beispiele für Meldungen gleich nach dem ersten Start der App:

- Die App *Fotos* (Google-Anwendung zur Organisation Ihrer geknipsten Bilder) möchte auf Fotos und andere Dateien zugreifen. Diese Berechtigungen sind sinnvoll, damit man mit der App arbeiten kann; tippen Sie auf *Zulassen*. Natürlich kann das nicht für jede App pauschalisiert werden. Sie können einer App allerdings Berechtigungen auch wieder entziehen. Wie das geht, erfahren Sie auf Seite 68.

- Samsung *Galaxy Store* verlangt die Zustimmung zu den AGBs. Wenn Sie die Anwendung verwenden möchten, müssen Sie hier durch Antippen von *Weiter* zustimmen.

- Im letzten Bild soll die *Samsung Internet* App als Standardbrowser verwendet wird. Tippen Sie auf *Fortsetzen*, wenn Sie wollen, dass sich jedes Mal Samsung Internet öffnet, wenn Sie online gehen.

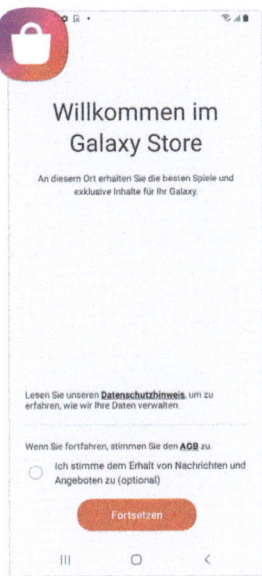

Einstellungen aufrufen

Wenn man ein neues Smartphone hat, ist man die ersten Wochen häufig in der App *Einstellungen*, um das Handy an die eigenen Vorstellungen anzupassen. Deshalb kommen wir auch in diesem Buch immer wieder auf die *Einstellungen* zurück. Damit Sie diese auf jeden Fall finden, hier eine ausführliche Darstellung:

▶ Rufen Sie den App-Bildschirm durch vertikales Streichen über den Startbildschirm auf.

▶ Auf dem App-Bildschirm tippen Sie auf *Einstellungen* ❶.

▶ Die App *Einstellungen* enthält eine Vielzahl von Kategorien von *Verbindungen* ❷ bis *Telefoninfo* ganz unten. Durch vertikales Wischen verschieben Sie den angezeigten Inhalt.

▶ Mit Antippen einer Kategorie zeigen Sie deren Inhalt an. Über den Pfeil ❸ links oben oder die Zurück-Taste kehren Sie wieder zur vorigen Seite zurück.

 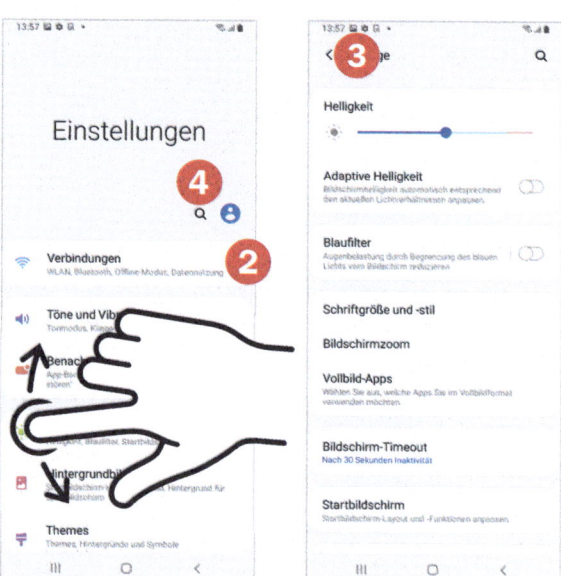

> Tipp für Fortgeschrittene: Über das Lupe-Symbol ❹ können Sie innerhalb der App nach Einstellungsoptionen suchen.

Weitere App öffnen und wechseln

Die App *Einstellungen* ⚙ haben Sie gerade angezeigt. Drücken Sie jetzt auf die Home-Taste zur Anzeige des Startbildschirms und wählen Sie die App Telefon 🅒 durch Antippen aus. Drücken Sie erneut die Home-Taste und öffnen Sie die App Play Store ▶.

Sie haben jetzt drei Apps geöffnet, allerdings wird nur die App Play Store angezeigt. Sie wechseln zu einer anderen geöffneten App durch Drücken der Alle-Apps-Taste ❶.

Streichen Sie horizontal ❷ über den Bildschirm, um den angezeigten Ausschnitt zu verändern. Durch Antippen einer anderen App, z. B. Telefon oder Einstellung, wird diese wieder am Bildschirm angezeigt.

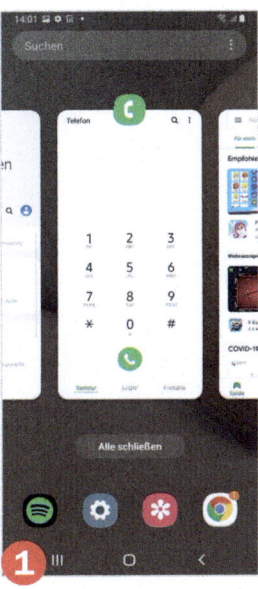  

Apps schließen: Schieben Sie die App mit dem Finger nach oben ❸, sozusagen aus dem Smartphone hinaus. Dadurch wird sie geschlossen. Mit *Alle schließen* ❹ werden alle Anwendungen auf einmal geschlossen.

App aus einem Ordner öffnen: Einige Apps sind in Ordnern einsortiert. Auf dem App-Bildschirm sehen Sie die drei Ordner ganz oben. Um eine App des Ordners anzuzeigen, tippen Sie zuerst auf den Ordner und dann auf die App.

Kleine App-Auswahl für den täglichen Gebrauch

 Telefon: App zum Telefonieren. Sie wählen entweder einen gespeicherten Kontakt aus oder tippen eine Nummer ein.

 Kontakte: Hier speichern Sie alle Daten, Telefonnummern, postalische Adressen, Geburtstage etc. Ihrer Freunde.

 Nachrichten: App zum Schreiben von SMS. Diese Kurznachrichten sind etwas aus der Mode gekommen. Heute verwendet man WhatsApp.

 WhatsApp: Schreiben Sie Nachrichten, versenden Sie Fotos oder telefonieren Sie mit der Familie mit Übertragung eines Videos. Diese App muss heruntergeladen werden.

 Kamera: Mit dieser App knipsen Sie Fotos oder nehmen Videos auf.

 Galerie: Dient der Anzeige und Bearbeitung Ihrer Fotos und Videos. Die Galerie ist eine Samsung-App. Wir verwenden in diesem Buch die App Galerie.

 Fotos: Das Google-Pendant zur Galerie heißt Fotos und befindet sich auch auf dem Handy. Sie finden die App im Google-Ordner.

 Play Store: Hier können kostenlose aber auch kostenpflichtige Apps, Spiele, Filme und Bücher heruntergeladen werden. Dieser Store wird von Google zur Verfügung gestellt.

 Galaxy Store: Das ist das Samsung-Einkaufszentrum für Apps. Auch hier gibt es ein kostenloses Sortiment; ein Besuch lohnt sich, aber das umfangreichere Angebot finden Sie im Play Store.

Internet: Browser von Samsung, dient der Anzeige von Internetseiten.

 Chrome: Browser von Google, mit dem Sie ebenfalls Seiten im Internet anzeigen.

 Google: Die Google-App ist kein Browser im engeren Sinne, obwohl Sie auch mit dieser Suchanfragen stellen und das Internet durchsuchen können. Darüber hinaus bietet sie noch weitere Funktionen, z. B. Zusammenstellung aktueller Nachrichten.

 Maps: Karten-App von Google, hier können Sie nach Adressen suchen und eine Navigation von Ort zu Ort durchführen.

 YouTube: Portal mit Videos zu fast allen Themen, kann kostenlos verwendet werden.

 Gmail: Anwendung zum Empfangen und Versenden von E-Mails. Die Gmail-Adresse, die Sie bei der Einrichtung des Smartphones verwendet haben, ist hier bereits hinterlegt.

 Uhr: Die App bietet einen Wecker, einen Timer, eine Stoppuhr und zeigt natürlich auch die Zeit an (auch mehrere Zeitzonen).

 Kalender: Hier tragen Sie Termine ein und werden daran erinnert.

 Samsung Notes: App zum Speichern von Notizen, wie z. B. einer Einkaufsliste. Es gibt Notizen-Apps wie Sand am Meer. Wenn Ihnen diese nicht zusagt, installieren Sie einfach eine andere.

 Einstellungen: Hier finden Sie alle Optionen, die die einzelnen Funktionen Ihres Smartphones betreffen.

1.6 Bildschirmtastatur verwenden

Sobald Sie in ein Texteingabefeld tippen, wird automatisch die Bildschirmtastatur eingeblendet. Zum Ausblenden der Tastatur tippen Sie auf eine Stelle des Bildschirms, an der keine Texteingabe möglich ist. Alternativ verwenden Sie die Zurück-Taste. Wir besprechen die Tastatur schon jetzt, weil Sie diese häufig benötigen. Wenn Sie die Tastatur ausprobieren möchten, tippen Sie doch einfach auf der Startseite in das Google-Suchfeld ❶.

Das Aussehen der Tastatur verändert sich je nach Anwendung. Im Bild links wurde die Suchleiste der Google-App geöffnet. Aus diesem Grund wird rechts unten das Suchsymbol ❷ angezeigt, da nach dem eingegebenen Text im Internet gesucht wird. Im mittleren Bild wurde die App Samsung Notes geöffnet. Hier können z. B. Einkaufslisten eingegeben werden, aus diesem Grund finden Sie rechts unten die Taste für eine Zeilenschaltung ❸. Im rechten Bild befinden wir uns in einem E-Mail-Programm im Eingabefeld für den Adressaten der E-Mail. Deshalb werden auf der Tastatur das @-Symbol und .com angezeigt. Mit der Taste *Weiter* ❹ (in anderen Apps auch *OK*) springen Sie ins nächste Feld.

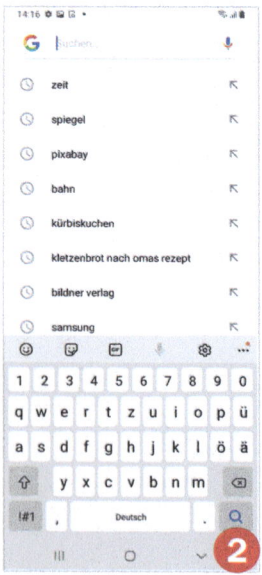

Buchstaben, Sonderzeichen & Co

Groß- und Kleinbuchstaben

Vielleicht ist es Ihnen schon aufgefallen: Wenn Sie in einen Bereich zur Texteingabe tippen, wird der erste Buchstabe immer als Großbuchstabe eingegeben. Das ist automatisch so hinterlegt. Gleiches gilt für die Schreibung nach einem Punkt. Wenn Sie später einen Großbuchstaben eingeben möchten, benötigen Sie die Umschalt-Taste:

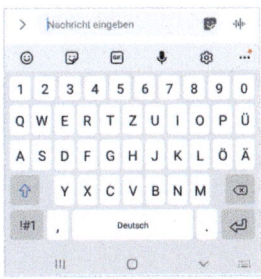

▶ Zur Eingabe von *Großbuchstaben* muss zuerst die Umschalt-Taste ⇧ angetippt werden. Der Pfeil wird blau ⇧ und der Buchstabe kann eingegeben werden.

▶ Bei längerem Drücken der Umschalt-Taste wird diese blau hinterlegt ⬆ und die Großschreibung festgestellt, d. h. es wird alles in Großbuchstaben geschrieben, bis erneut die Umschalt-Taste angetippt wird.

Leerzeichen, Löschen und Cursorsteuerung

Die Texteingabe findet immer am Cursor (blinkender senkrechter Strich) statt:

▶ Um zwischen zwei Worten ein *Leerzeichen* einzugeben, tippen Sie auf die Leertaste ⌷ Deutsch ⌷.

▶ Mit ⌫ entfernen Sie alle Zeichen links vom Cursor. Wenn Sie länger mit dem Finger auf der Taste bleiben, werden schnell mehrere Wörter gelöscht. Findet man einen Fehler mitten im Text, müsste man jetzt alle Wörter bis zum Fehler löschen. Hier hilft die Leertaste! Verbleiben Sie mit dem Finger etwas länger auf der Leertaste und ziehen Sie dann mit dem Finger den Cursor an die gewünschte Position.

▶ Mit der *Zeilenschaltung* ⏎ erzeugen Sie eine neue Zeile und fügen einen Absatz ein.

Hier finden Sie Sonderzeichen

Die Taste !#1 schaltet auf ein Tastaturlayout zur Eingabe von *Sonderzeichen* um. Dort zeigen Sie mit der Taste 1/2 eine weitere Sonderzeichentastatur an. Die Taste ABC schaltet zurück zur Buchstabentastatur.

Wo ist eigentlich das ß?

▶ Zur Eingabe spezieller Buchstaben, wie z. B. das spanische ñ, die französische Ligatur œ und natürlich alle Buchstaben mit Akzent, drücken Sie den Finger länger auf die entsprechende Taste. Es erscheint ein Zusatzfeld. Hier ist ein Buchstabe bereits ausgewählt. Dieser wird eingefügt, wenn Sie die Taste loslassen. Zur Auswahl eines anderen Buchstabens verbleiben Sie mit dem Finger auf dem Bildschirm, fahren nach oben in das Zusatzfeld auf den gewünschten Buchstaben und lassen dann los.

▶ Auf diese Weise finden Sie im Zusatzfeld der Taste S auch das ß.

Texterkennung

Über der Tastatur erhalten Sie für die aktuelle Eingabe Wort- bzw. Korrekturvorschläge, die durch Antippen übernommen werden können. Erscheinen Worte in blauer Schrift, werden diese automatisch durch Drücken der Leertaste eingefügt, z. B. *Freundin* ❶. Das ursprünglich eingegebene Wort wird ebenfalls auf der Leiste angezeigt. Sollten Sie lieber das behalten wollen, tippen Sie es an (hier *Fred*).

Die Eingabe langer Worte können Sie ebenfalls über die Vorschlagsleiste abkürzen, wie in unserem Beispiel *Fahrradfahren* ❷. Mit ••• können Sie weitere Vorschläge anzeigen. Falsch geschriebene oder nicht im Wörterbuch enthaltene Begriffe werden farbig unterstrichen.

Darüber hinaus werden auf Grundlage des bereits eingegebenen Texts, passende Vorschläge für das nächste Wort angezeigt ❸, die Sie ebenfalls durch Antippen übernehmen.

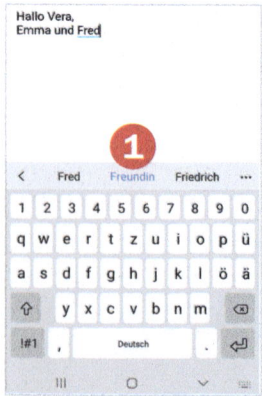

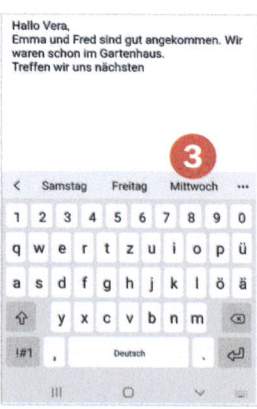

Emojis bebildern Gefühle

▶ Tippen Sie auf 😊 ❶, um ein Emoji einzufügen. Wenn die Emoji-Taste nicht zu sehen ist, tippen Sie auf ‹ ❷.

▶ Beachten Sie, dass Ihnen zur Auswahl mehrere Kategorien zur Verfügung stehen. Der Bereich 🕐 ❸ enthält die zuletzt verwendeten Grafiken. Dann folgen Smileys und Hände, Tiere und Pflanzen, Nahrungsmittel, Gebäude und Wettersymbole, Sportgeräte usw. In jedem Bereich können Sie durch vertikales Wischen weitere Elemente anzeigen.

▶ Mit ⌫ ❹ löschen Sie das Emoji wieder. Durch Antippen der Tastatur ⌨ ❺ links unten zeigen Sie wieder die Bildschirmtastatur an.

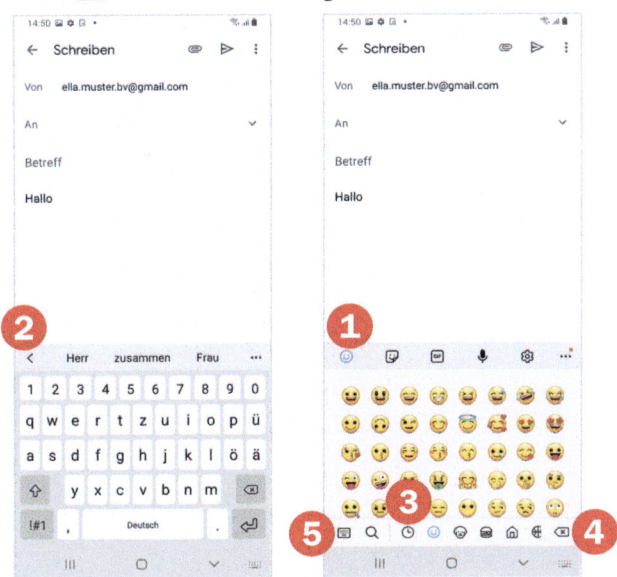

Text mittels Spracheingabe

Anstatt mühsam zu tippen, diktieren Sie Ihren Text. Tippen Sie auf 🎤 ❶ und sprechen Sie Ihren Text. Satzzeichen können ebenfalls diktiert werden. Zum Pausieren drücken Sie auf das farbig hinterlegte Mikrofon ❷. Zum erneuten Diktieren tippen Sie auf den grauen Kreis ❸. Zum Löschen verwenden Sie ⌫ ❹. Um die Spracheingabe wieder zu verlassen, tippen Sie auf das Pfeil-Symbol ❺.

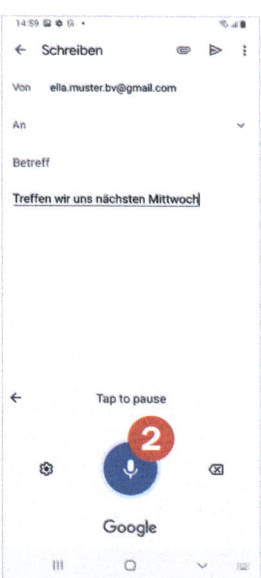

Das Mikrofon wird nicht angezeigt

Nicht in allen Apps kann das Mikrofon auf der Tastatur zum Diktieren von Text verwendet werden. Manchmal ist es ausgegraut, z. B. in der App Google. Diese verfügt über ein eigenes Mikrofon zur Spracheingabe.

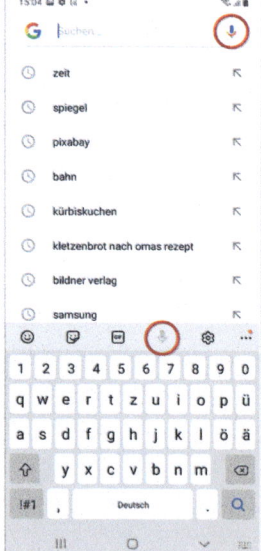

1.7 Die Statusleiste - Informationen und Einstellungen

Über die Statusleiste, die sich klein am oberen Bildschirmrand befindet, erhalten Sie eine Vielzahl an Informationen und können schnell verschiedene Funktionen Ihres Smartphones ein- bzw. ausschalten.

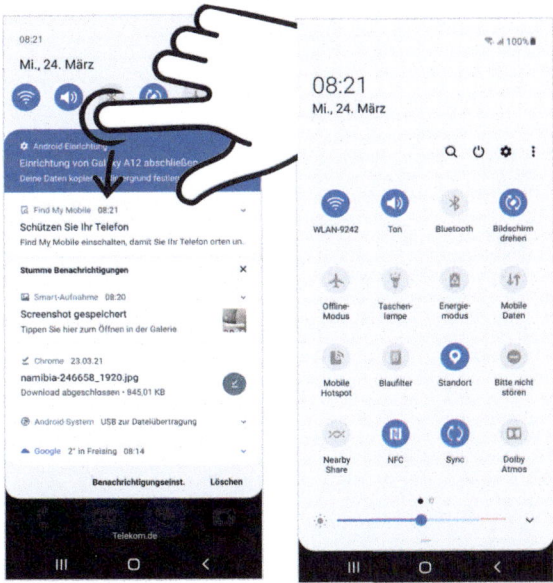

Die **Statusleiste** enthält links die Uhrzeit und rechts den Ladezustand des Akkus, die Signalstärke des Telefonempfangs und ggf. die WLAN-Verbindung.

Zwischen diesen Standardinformationen erhalten Sie Mitteilungen von Apps in Form von Symbolen.

Sie erweitern die Anzeige der Statusleiste, indem Sie vom oberen Bildschirmrand nach unten streichen.

Hier sehen Sie **Benachrichtigungen** der einzelnen Apps: Dabei kann es sich um alles Mögliche handeln, z. B. eine WhatsApp-Nachricht, eine Geburtstagserinnerung oder einzelne Schlagzeilen.

Ganz oben wird ein Teil der Schnelleinstellungen angezeigt. Wischen Sie nochmals von oben nach unten, um den Bereich zu erweitern.

Über die **Schnelleinstellungen** (auch Quick Panel) schalten Sie bestimmte Funktionen Ihres Smartphones ein bzw. aus. Blau bedeutet, dass die Funktion aktiviert ist, im Beispiel oben Standort.

Sie verlassen den Bereich wieder durch Drücken der Home-Taste.

Hier die wichtigsten Symbole der Statusleiste und ihre Bedeutung:

Symbol	Bedeutung
	WLAN: Balken symbolisieren die Stärke des WLANs (je mehr, desto besser).
	Mobile Daten: Ohne WLAN nutzen Sie die mobilen Daten für eine Internetverbindung. Die Bezeichnungen 3G, 4G, 5G oder LTE geben die Qualität der Verbindung an.
	Netzempfang: Je höher der Empfang, desto mehr Striche werden angezeigt.
	Akkustand: Die Füllhöhe zeigt den Ladezustand des Akkus an. Ein Blitz symbolisiert, dass der Akku derzeit aufgeladen wird.
	Bluetooth ist aktiv: Das Smartphone kann mit einem anderen Gerät verbunden werden, z. B. Musikbox, Kopfhörer.
	Flugmodus: Der Offline-Modus ist aktiviert, d. h. alle Funkverbindungen sind unterbrochen. Sie können unter anderem nicht mehr telefonieren oder das Internet nutzen.
	Standortdienst (GPS): Eine App ortet Ihren Standort, z. B. die Wetter-App oder Google Maps.
	Wecker: Sie haben einen Alarm gestellt.
	Lautlos ist eingeschaltet. Wenn Sie Anrufe oder Benachrichtigungen erhalten, ertönt kein Signal.
	Nachrichten: Sie haben eine neue SMS bzw. eine neue E-Mail erhalten.
	Anruf in Abwesenheit: Sie haben einen Anruf verpasst.
	SIM-Karte: Entweder ist keine SIM-Karte eingelegt oder sie kann nicht gelesen werden.

Wenn eines dieser Symbole in der Statusleiste erscheint, können Sie weitere Informationen über das Benachrichtigungsfeld ersehen. Streichen Sie vom oberen Bildschirmrand nach unten zur Anzeige aller Benachrichtigungen.

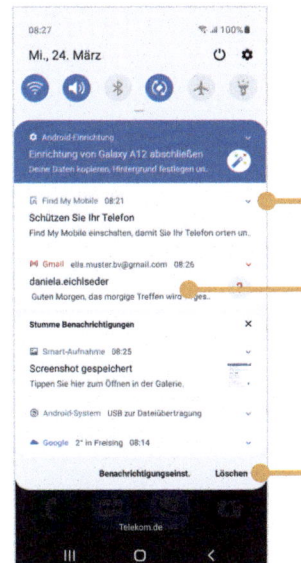

Streichen Sie über die Benachrichtigungen vertikal nach oben, um weitere Meldungen anzuzeigen.

Tippen Sie auf den nach unten weisenden Pfeil und Sie erhalten weitere Informationen.

Durch Antippen einer Meldung wird in der Regel die App angezeigt, hier z. B. Gmail.

Wer mag, kann durch horizontales Streichen die einzelnen Benachrichtigungen hinauswischen.

Hier löschen Sie alle Benachrichtigungen.

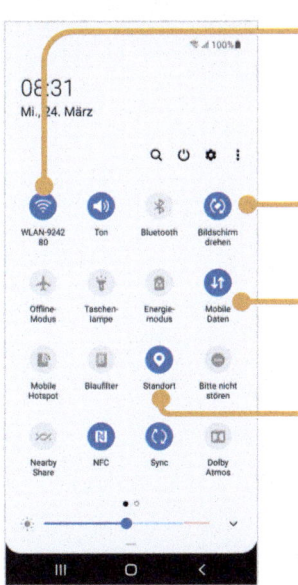

Die blauen Schnelleinstellungen sind aktiviert, beispielsweise sind Sie gerade mit einem WLAN verbunden. Durch Antippen aktivieren bzw. deaktivieren Sie die Einstellung.

Weitere aktive Einstellungen sind:

Bildschirm drehen - Sie können das Smartphone im Hoch- bzw. Querformat halten und der Bildschirminhalt wird entsprechend angezeigt.

Mobile Daten - Ohne WLAN stellen Sie eine Verbindung über mobile Daten mit dem Internet her.

Standort - Einige Apps benötigen Ihren aktuellen Standort, um Ihnen dazu passende Informationen anzuzeigen, z. B. Wetter, Nachrichten etc.

Es gibt noch eine zweite Seite; wischen Sie nach links, um weitere Einstellungen anzuzeigen.

Tipp: Einstellungen anzeigen
Einige der Schnelleinstellungen bieten eine Weiterleitung zu den umfangreicheren Möglichkeiten der App *Einstellungen* ⚙. Drücken Sie z. B. etwas länger auf das WLAN-Symbol zur Anzeige aller verfügbaren Netzwerke.

1.8 Smartphone aus- und einschalten

Zugegebenermaßen wird das Smartphone nicht oft ausgeschaltet. Manchmal schaltet man es, z. B. im Theater oder Kino, ab, um sicherzustellen, dass niemand gestört wird. Ein anderer Klassiker ist der niedrige Akkustand, der einen veranlasst, das Handy auszuschalten, um vielleicht am Zielort noch einen Anruf tätigen zu können. Wichtig ist, bevor Sie das Smartphone ausschalten, sollten Sie die PIN Ihrer SIM-Karte kennen, sonst können Sie das Gerät nicht wieder einschalten.

> **PIN der SIM-Karte**
> Die PIN der SIM-Karte erhalten Sie zusammen mit Ihrer SIM-Karte. Sie müssen die PIN der SIM-Karte immer dann eingeben, wenn das Smartphone neu gestartet wurde. Die SIM-Karten-PIN darf nur dreimal falsch eingegeben werden, dann ist die Karte gesperrt und Sie benötigen den PUK, den Sie ebenfalls zusammen mit Ihrer SIM-Karte bekommen haben. Diesen meist achtstelligen Code müssen Sie dann eingeben, um Ihr Smartphone wieder zu entsperren. Aus diesem Grund ist es wichtig, dass Sie das Schreiben, das Ihrer SIM-Karte beilag, gut aufbewahren.

Zum Ausschalten drücken Sie die Funktionstaste etwas länger (siehe auch Seite 23), bis auf dem Bildschirm folgende Meldungen erscheinen:

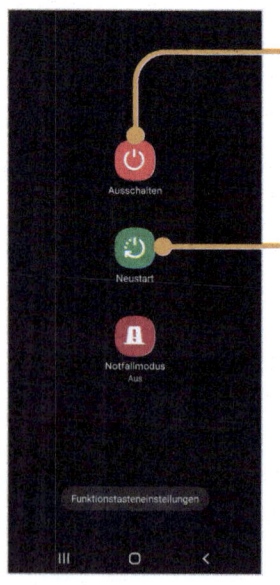

Tippen Sie **Ausschalten** an, wenn Sie das Gerät für einige Zeit nicht verwenden möchten. Zur Bestätigung müssen Sie nochmals auf **Ausschalten** tippen.

Wenn das Smartphone Probleme bereitet, hilft oft ein **Neustart**.

Zum Einschalten drücken Sie etwas länger auf die Funktionstaste, geben Sie dann die **PIN** der SIM-Karte ein und tippen auf **OK**. Danach müssen Sie das Handy entsperren.

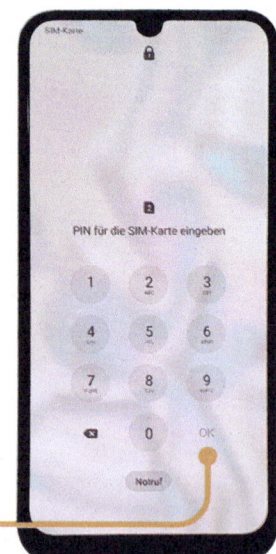

2 Das Smartphone schützen

Das Smartphone als ständiger Wegbegleiter enthält viele persönliche Daten. Deshalb sollten Sie es unbedingt vor unbefugtem Zugriff anderer schützen. Stellen Sie sich vor, Sie verlieren das Smartphone und jeder kann mit einem Wisch telefonieren, Ihre geknipsten Bilder betrachten oder Ihre Nachrichten lesen. Da wir das im Einrichtungsprozess übersprungen haben, ist es jetzt an der Zeit, das Handy zu schützen.

Das Smartphone bietet mittlerweile sehr viele Möglichkeiten: Muster, PIN, oder Passwort, Gesichtserkennung oder Fingerabdruck. Das automatische Entsperren mittels Gesicht oder Finger ist natürlich einfacher und macht die Eingabe eines Musters oder Passwortes überflüssig. Für welche Option Sie sich entscheiden, kommt auch auf die persönlichen Vorlieben an und ist letztendlich eine Abwägung zwischen Sicherheit und Praktikabilität. So ist ein Muster, dessen Spuren man noch auf dem Bildschirm sieht, nicht so sicher wie ein 8-stelliges Kennwort. Aber wer will ständig ein Kennwort eintippen? Wir stellen hier im Besonderen die Methoden PIN und Fingerabdruck vor.

2.1 Displaysperre mit PIN oder Fingerabdruck

So schützen Sie Ihr Gerät mit einer PIN:

▶ Öffnen Sie die Smartphone-*Einstellungen* ⚙ und anschließend den Punkt *Sperrbildschirm* ❶.

▶ Hier tippen Sie auf *Sperrbildschirmtyp* ❷. Dort haben Sie die Auswahl zwischen *Streichen*, *Muster*, *PIN*, *Passwort* oder *Keine*:

  ▪ *Streichen*: Wenn Sie über den Sperrbildschirm streichen, ist das Smartphone sofort entsperrt. Diese Option bietet keinen Schutz, sondern verhindert nur, dass das Smartphone versehentlich in der Tasche bedient wird.

  ▪ *Muster*: Sie zeichnen ein Entsperrungsmuster, das Sie eingeben, sobald Sie Ihr Smartphone nutzen wollen.

  ▪ *PIN* oder *Passwort*: Eine vierstellige Zahl (PIN) oder eine sechsstellige Zahl (Passwort), die Ihnen den Zugang gewähren.

  ▪ *Keine*: Wenn Sie die seitliche Entsperrtaste drücken, gelangen Sie sofort zum Startbildschirm.

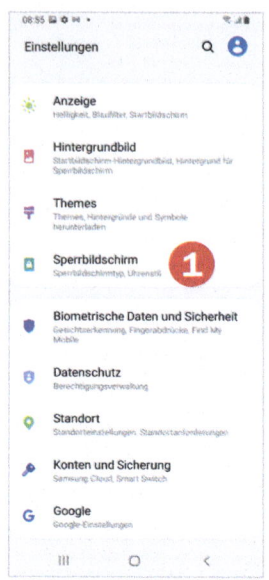

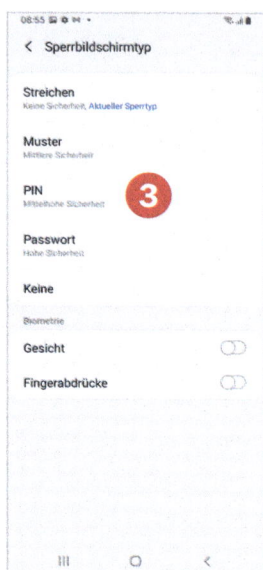

▶ Wählen Sie *PIN* ❸ aus und geben Sie eine vierstellige Zahlenkombination ein und tippen Sie dann auf *Weiter* ❹.

▶ Geben Sie nochmals die vierstellige Zahl ein und tippen Sie auf *OK*. So wird sichergestellt, dass Sie sich nicht vertippt haben.

▶ Danach könnten Sie die Benachrichtigungen, die auf dem Sperrbildschirm angezeigt werden, noch einrichten. Belassen Sie das hier und tippen auf *OK*.

▶ Nun wird Ihre PIN noch bei Samsung gesichert, klicken Sie auf *Akzeptieren* ❺.

Beim nächsten Entsperren des Smartphones müssen Sie jetzt zwar immer noch über den Bildschirm streichen, danach werden Sie allerdings dazu aufgefordert, eine PIN einzugeben. Tippen Sie die Nummer ein und bestätigen Sie mit *OK* ❻.

> Die PIN zum Entsperren des Sperrbildschirms haben Sie in diesem Prozess selbst festgelegt. Diesen können Sie so oft eingeben, wie Sie möchten. Es ist möglich, dass nach zahlreichen Falscheingaben eine Pause von 30 Sekunden eingeblendet wird. Verwechseln Sie diese Nummer nicht mit der PIN der SIM-Karte. Diese Nummer haben Sie mit der Karte erhalten und diese PIN benötigen Sie bei einem Neustart des Smartphones.

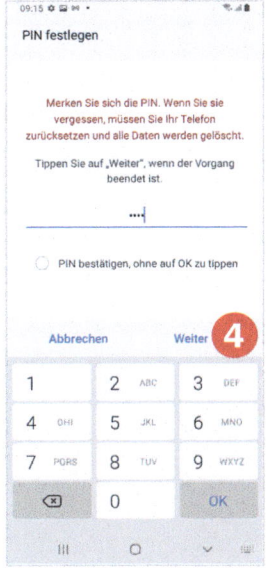
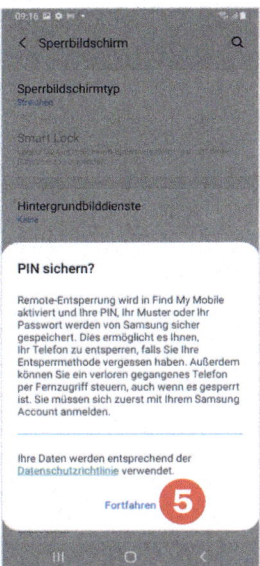

2.2 Fingerabdrucksensor

Der Fingerabdruck wird immer zusätzlich zu einer sicheren Bildschirmsperre verwendet. Sie müssen also zunächst ein Muster, eine PIN oder ein Passwort festgelegt haben. Sie entsperren selbstverständlich das Smartphone nachher nur über den Fingerabdruck. Die alternative Methode dient unter anderem dazu, sicherzustellen, dass Sie das Smartphone entsperren können, auch wenn der Fingerabdruck einmal nicht funktioniert.

▶ Gehen Sie in die *Einstellungen* ⚙ Ihres Smartphones und tippen Sie hier auf *Biometrische Daten und Sicherheit* ❶ .

▶ Wählen Sie *Fingerabdrücke* ❷ und geben Sie anschließend Ihre PIN, Ihr Passwort oder Muster ein und tippen auf *Weiter*.

▶ Der Fingerabdrucksensor befindet sich auf der Funktionstaste auf der rechten Seite Ihres Smartphones. Wenn Sie dazu aufgefordert werden, drücken Sie den Finger auf den Sensor und heben Sie ihn an, wenn der Prozentwert steigt. Wiederholen Sie diesen Vorgang mehrmals, bis 100 % erreicht wurden.

▶ Sie können noch weitere Fingerabdrücke durch *Hinzufügen* ❸ registrieren lassen, z. B. den Zeigefinger. Wenn Sie das nicht möchten, tippen Sie auf *OK*.

▶ Der Fingerabdruck wurde unter der Bezeichnung *Fingerabdruck 1* gespeichert.

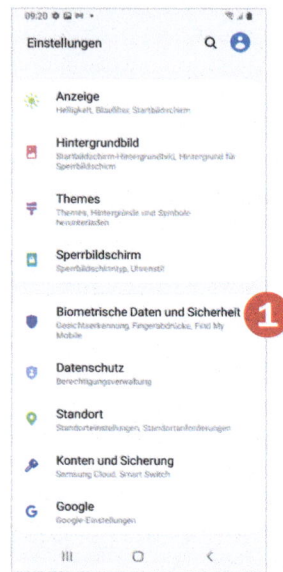 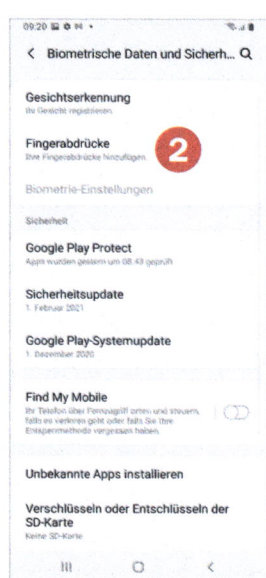 

> Wenn Sie Ihr Smartphone ausgeschaltet haben und es wieder einschalten, dann geben Sie zunächst die PIN der SIM-Karte ein. Danach muss der Sperrbildschirm entsperrt werden. Wenn Sie das normalerweise mit Fingerabdruck erledigen, ist das bei einem Neustart des Smartphones leider nicht möglich. Hier müssen Sie die PIN eingeben, die Sie festgelegt haben.

Fingerabdruck vom Smartphone löschen

Um einen Fingerabdruck zu entfernen, öffnen Sie die *Einstellungen* ⚙, wählen *Biometrische Daten und Sicherheit* aus, öffnen die Unterkategorie *Fingerabdrücke*, geben die PIN ein und bestätigen mit *Weiter*. Tippen Sie auf den Fingerabdruck (hier im Beispiel *Fingerabdruck 1* ❶) und anschließend rechts oben auf *Entfernen*.

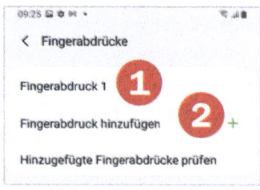

Fingerabdruck nachträglich hinzufügen

Weitere Fingerabdrücke können, wie oben beschrieben in den *Einstellungen* mit *Fingerabdruck hinzufügen* ❷ registriert werden.

2.3 Schutz vor Schadprogrammen

Nicht nur PCs, auch Smartphones können Ziele von Viren und Malware sein! Daher sollte man auf den Schutz der persönlichen Daten auch auf dem Smartphone achten. Bereits vorinstalliert ist Google Play Protect, das Sie gegebenenfalls über Sicherheitsrisiken informiert. Dabei wird ein Virenscan der installierten Apps durchgeführt, es erfolgt eine Prüfung der im Play Store angebotenen Apps vor dem Herunterladen und Sie werden vor möglicherweise gefährlichen Internetseiten gewarnt, sofern Sie mit dem Google Browser Chrome surfen.

Play Protect ist standardmäßig aktiv und scannt regelmäßig Ihr Smartphone. Wenn Sie eine Überprüfung selbst anstoßen möchten, dann öffnen Sie die *Einstellungen* ⚙, wählen die Kategorie *Biometrische Daten und Sicherheit* aus, tippen auf *Google Play Protect* und dann auf *Scannen*.

Im Play Store gibt es zahlreiche weitere Apps, die ebenfalls Schutz vor Schadsoftware bieten, z. B. von Avira, Avast, Kaspersky oder Bitdefender. In der kostenlosen Variante bieten die Apps nicht den gesamten Funktionsumfang und Sie müssen Werbeeinblendungen hinnehmen.

Ebenso wichtig ist es, einige Regeln zu beachten. Die folgende Auswahl ist nicht abschließend.

▶ Führen Sie die Android- und App-Updates regelmäßig durch (siehe Seite 77).

▶ Seien Sie misstrauisch, wenn Sie im Browser aufgefordert werden, etwas anzuklicken, um Virenbefall zu vermeiden oder Sie in einer E-Mail einen Link anklicken sollen, um sicherheitsrelevante Eingaben für ein anderes Konto nachzutragen. Ihre Bank wird Ihnen niemals eine solche E-Mail zusenden.

▶ Öffnen Sie keine Anhänge von E-Mails, deren Absender Sie nicht kennen.

▶ Hotspots, also kostenloses öffentliches WLAN, sind ebenfalls eine Gefahrenquelle.

▶ Installieren Sie nur Apps aus dem Google Play Store oder aus dem Samsung Galaxy Store.

2.4 Das verlorene Smartphone orten

Hier können Sie entweder den Dienst von Samsung oder Google nutzen.

> **Wichtig!**
> Die Ortungsfunktion Ihres Smartphones bietet unseres Erachtens mehr Vor- als Nachteile. Wenn Sie das Gerät verloren haben, können Sie es so wiederfinden oder zumindest via Fernzugriff die Daten auf Ihrem Smartphone löschen. Ganz klar ist aber auch, dass jeder, der über Ihre E-Mail-Adresse und das dazugehörige Kennwort verfügt, über diesen Dienst sehen kann, wo sich Ihr Smartphone und in diesem Fall auch Sie sich gerade befinden. Deshalb ist es wichtig, diese Daten sicher zu verwahren.

Zur Ortung muss das Smartphone über eine mobile Datenverbindung mit dem Internet verbunden sein. WLAN ist natürlich auch möglich, aber bei Verlust eher unwahrscheinlich. Die Standortermittlung muss aktiviert sein und Sie müssen einen der beiden folgenden Dienste verwenden:

Find my Device von Google

▶ Verwenden Sie Ihren Laptop oder Computer und geben Sie in den Browser die folgende Adresse ein:

android.com/find

▶ Mit der Anmeldung stimmen Sie den Nutzungsbedingungen und der Datenschutzerklärung zu. Durch Anklicken können Sie diese zunächst durchlesen.

▶ Sie erhalten eine Meldung auf dem Smartphone, ob Sie sich gerade für den Dienst angemeldet haben. Tippen Sie auf *Ja*.

▶ Im Browser erlauben Sie durch Anklicken von *Annehmen*, dass Google auf Ihren Standort zugreifen darf.

Wenn Sie Ihr Smartphone verloren haben, geben Sie erneut auf Ihrem Rechner diese Adresse android.com/find in den Browser ein und melden sich an. Sie erhalten dann einen Kartenausschnitt, der anzeigt, wo sich Ihr Smartphone gerade befindet bzw. zuletzt geortet wurde.

Find my Mobile von Samsung

▶ Sie benötigen ein Samsung-Konto. Wie Sie das einrichten, haben Sie auf Seite 31 erfahren.

▶ Öffnen Sie die *Einstellungen* ⚙, wählen Sie die Kategorie *Biometrische Daten und Sicherheit* und kontrollieren Sie, ob der Regler bei *Find My Mobile* auf *Ein* ist.

Wenn Sie Ihr Smartphone verloren haben, gehen Sie so vor:

▶ Verwenden Sie Ihren Laptop/Computer. Rufen Sie den Browser auf und navigieren Sie zu folgender Seite:

https://findmymobile.samsung.com

▶ Geben Sie den Benutzernamen Ihres Samsung-Kontos, also die verwendete E-Mail-Adresse und das zugehörige Kennwort, ein.

▶ Die Datenschutzhinweise und AGBs akzeptieren Sie durch Anklicken von *Fortsetzen*.

▶ Danach müssen Sie erlauben, dass Standortdienste zur Ortung Ihres Smartphones verwendet werden. Klicken Sie auf *Akzeptieren*.

▶ Sie erhalten dann einen Kartenausschnitt, auf dem Sie sehen, wo sich Ihr Smartphone gerade befindet bzw. zuletzt geortet wurde.

3 Das Smartphone personalisieren

In diesem Kapitel erhalten Sie Tipps, wie Sie das Smartphone an Ihre Bedürfnisse anpassen.

3.1 Bildschirm-Timeout festlegen

Vielleicht passiert Ihnen das gerade - das Smartphone „geht ständig aus". Wenn Sie für kurze Zeit nichts am Smartphone machen, wird der Bildschirm ausgeschaltet und das Handy automatisch mit dem Sperrbildschirm geschützt. Diese Funktion nennt sich Bildschirm-Timeout.

Jetzt müssen Sie wieder die Funktionstaste drücken, den Bildschirm entsperren und dann kann es erst weitergehen - das nervt. Vor allem weil der Bildschirm-Timeout standardmäßig auf 30 Sekunden eingestellt ist. Das schont den Akku, ist aber am Anfang einfach zu kurz. So verlängern Sie den Zeitraum:

▶ Öffnen Sie die *Einstellungen* ⚙ und tippen Sie auf *Anzeige* ❶.

▶ In der Kategorie *Anzeige* tippen Sie dann auf *Bildschirm-Timeout* ❷ und wählen einen längeren Zeitraum, z. B. *2 Minuten* ❸. Das geht etwas zu Lasten des Akkus, aber Sie können das jederzeit wieder ändern.

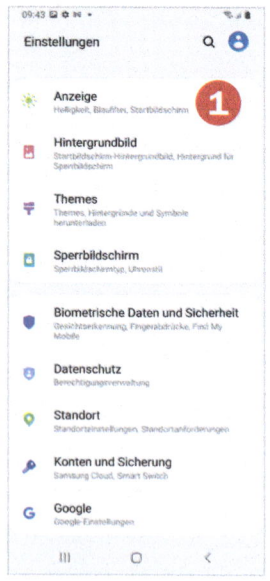  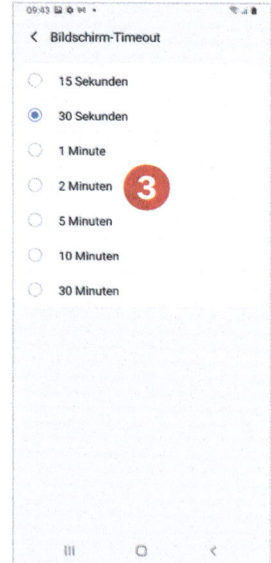

▶ Tippen Sie dann auf die Home-Taste, um die Einstellungen zu verlassen.

3.2 Schriftgröße bestimmen und Helligkeit anpassen

Können Sie Text auf dem Smartphone schlecht lesen? Dann vergrößern Sie einfach die Schrift.

▶ Gehen Sie in die Smartphone-*Einstellungen* ⚙ und wählen Sie hier *Anzeige* ❶. Tippen Sie dann auf *Schriftgröße und -stil* ❷.

▶ Hier können Sie mit dem Schieberegler die gewünschte Größe einstellen, ziehen Sie einfach den blauen Punkt ❸ etwas nach rechts. Dabei sehen Sie die Änderungen sofort und können gleich abschätzen, welche Größe Sie benötigen.

Gute Lesbarkeit hat natürlich auch etwas mit der Helligkeit des Bildschirms zu tun. Über den Regler ❹ können Sie die Helligkeit des Bildschirms anpassen. Erinnern Sie sich an die Schnelleinstellungen? Hier finden Sie denselben Helligkeitsregler ❺ (Abbildung auf der nächsten Seite).

Natürlich hat auch das Umgebungslicht Einfluss darauf, welche Bildschirmhelligkeit wir als angenehm empfinden. Darauf zielt die Funktion *Adaptive Helligkeit* ab. Sie passt die Helligkeit automatisch auf Grundlage der vorherrschenden Lichtverhältnisse an. Wenn Sie möchten, testen Sie die Funktion; dazu ziehen Sie den Regler ❻ nach rechts auf *An*.

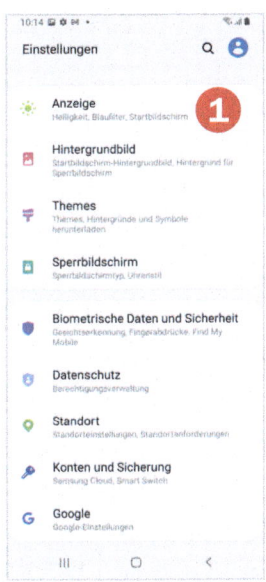

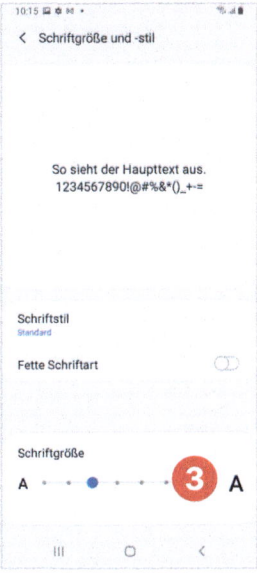

Was macht der Blaufilter? Wenn wir von Bildschirmen sprechen, darf auch der Blaufilter nicht fehlen. Sie finden diesen in den Schnelleinstellungen. Zum Aktivieren tippen Sie auf das Symbol **7**. Dadurch wird aus der Anzeige blaues Licht gefiltert und der Display erstrahlt gelblicher und dadurch wärmer. Die Idee dahinter ist, den Blaufilter abends einzuschalten, wenn Sie nochmals für längere Zeit das Handy verwenden möchten, da das helle, blaue Licht als eine Art Muntermacher wirkt und das Einschlafen verzögern kann. Vollständig wissenschaftlich belegt ist das noch nicht, aber vieles deutet darauf hin.

3.3 Eigenes Hintergrundbild auswählen

Persönliche Bilder als Hintergrund machen sich immer gut – seien es Fotos von den eigenen Haustieren, ein Urlaubsbild oder Aufnahmen von den Kindern oder Enkeln. Am einfachsten ist es, wenn Sie das Foto mit Ihrem Smartphone geknipst haben. Diese Variante stellen wir hier vor:

▶ Zeigen Sie in der Galerie-App ✳ das gewünschte Foto an (mehr zu dieser App erfahren Sie auf Seite 108). Es ist nicht leicht, ein passendes Bild zu finden, vielleicht müssen Sie mehrere ausprobieren.

▶ Tippen Sie rechts oben auf die drei Punkte ⦂ und wählen Sie *Als Hintergrund festlegen* ❶ aus.

▶ Anschließend legen Sie fest, wo das Hintergrundbild angezeigt werden soll ❷ - auf dem Startbildschirm, Sperrbildschirm oder auf beiden.

▶ Sie erhalten dann eine Vorschau. Durch Antippen des Fotos und ziehen, können Sie den Bildausschnitt ggf. noch ein wenig verändern. Tippen Sie dann *Auf Startbildschirm festlegen* ❸.

Über *Einstellungen* ⚙, Auswahl der Kategorie *Hintergrundbild* und dann Antippen von *Meine Hintergründe* wählen Sie wieder den Standardhintergrund aus.

3.4 Klingelton einstellen

Sie mögen den Standardklingelton nicht? Das lässt sich ändern und so geht's:

▶ Rufen Sie die *Einstellungen* ⚙ Ihres Smartphones auf und tippen Sie dann auf die Kategorie *Töne und Vibration* ❶.

▶ Tippen Sie auf *Klingelton* ❷. Da Sie die Möglichkeit haben, zwei SIM-Karten in Ihrem Smartphone zu verwenden, sind hier beide aufgeführt. Wir gehen davon aus, dass Sie nur eine SIM-Karte eingelegt haben. Tippen Sie auf *SIM 1*.

▶ Hier können Sie aus einer Vielzahl von Klingeltönen auswählen. Tippen Sie einfach einen Eintrag der Liste ❸ an. Der gewählte Klingelton ertönt. Falls nicht, überprüfen Sie die Lautstärke (siehe Seite 137). Wenn Ihnen ein Ton gefällt, verlassen Sie das Auswahlmenü mit der Home-Taste.

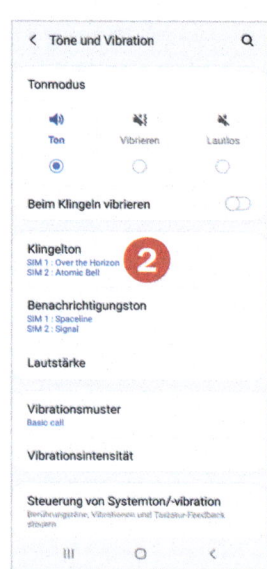
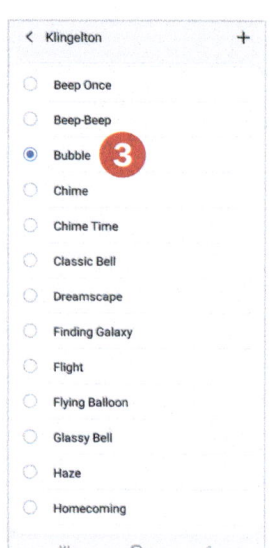

3.5 Startbildschirm anpassen

Mit einem aufgeräumten Startbildschirm lässt es sich viel besser arbeiten! Entfernen Sie alles vom Startbildschirm, was Sie jetzt nicht brauchen, Sie können es jederzeit wieder hinzufügen.

App vom Startbildschirm entfernen: In diesem Beispiel entfernen wir die Galaxy Store-App vom Startbildschirm. Diese App benötigen Sie nicht so häufig und Sie finden diesen immer noch auf dem App-Bildschirm.

▶ Tippen Sie etwas länger auf die App. Das Menü wird angezeigt. Wählen Sie *Von Start entfernen* ❶.

App zum Startbildschirm hinzufügen: Wenn man ein neues Smartphone hat, gibt es viel einzustellen. Aus diesem Grund ist es praktisch, die App *Einstellungen* auf den Startbildschirm zu legen. Später können Sie sie wieder entfernen.

▶ Zeigen Sie den App-Bildschirm an und tippen Sie etwas länger auf die App *Einstellungen*. Wählen Sie im Menü *Zu Start hinzufügen* ❷ aus. Die App wird jetzt auf einen der vorhandenen Startbildschirme gelegt. Das muss nicht der erste sein. Wischen Sie vertikal über den Bildschirm, um die App zu finden. In unserem Beispiel befindet sich die App auf dem dritten Startbildschirm ❸. Jetzt kann sie verschoben werden.

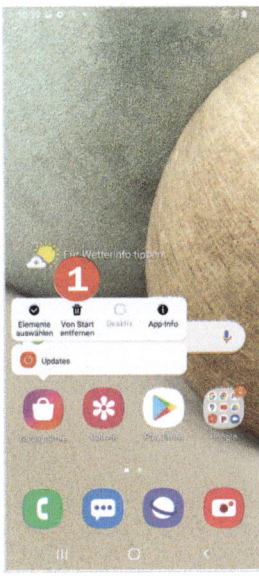

App verschieben: Die App kann von einem zum anderen Startbildschirm verschoben oder nur ihre Bildschirmposition verändert werden:

▶ Drücken Sie mit dem Finger auf eine App, bis das Menü angezeigt wird. Jetzt können Sie die App an die gewünschte Position ziehen.

▶ Wenn die App auf einem anderen Bildschirm sein soll, ziehen Sie sie an den Rand, bis der andere Bildschirm erscheint. Alternativ dazu tippen Sie die App etwas länger an, um das Menü anzuzeigen und tippen auf *Elemente auswählen* ❹. Wechseln Sie jetzt zum ersten Startbildschirm und tippen etwas länger auf die Position, an die Sie die App verschieben möchten. Die App wird dann hier angezeigt.

Ordner: Manche Apps benötigen Sie öfter, sodass es unpraktisch ist, dass diese sich in einem Ordner verstecken, das gilt z. B. für die App *Gmail*, mit der Sie E-Mails versenden.

▶ Öffnen Sie den Ordner *Google* durch Antippen. Tippen Sie etwas länger auf die App *Gmail* ❺ und ziehen Sie diese dann nach oben. Der Startbildschirm wird angezeigt. Positionieren Sie die App ❻ und lassen Sie los.

 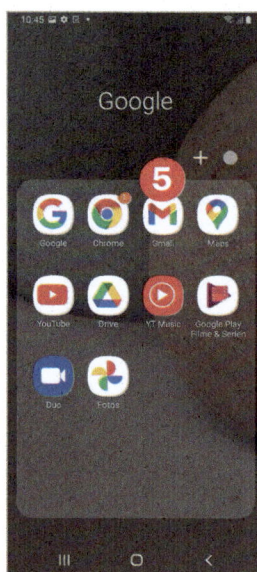 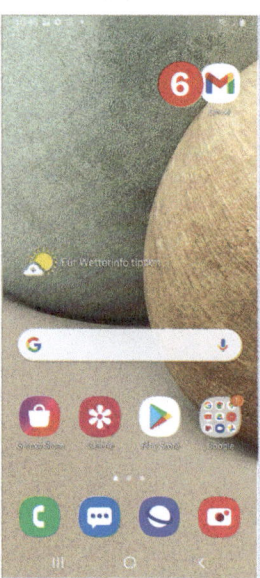

Profitipp! Eigenen Ordner anlegen: Ziehen Sie eine App auf eine andere, so wird ein Ordner angelegt. Wenn Sie auf den Ordner tippen und darin auf *Ordnernamen*, können Sie einen Namen vergeben.

3.6 Widgets verwenden

Mit Widgets werden aktuelle Informationen bereitgestellt oder ein schneller Zugriff auf Anwendungen ermöglicht. Diese finden Sie nur auf dem Startbildschirm. Über Widgets erhalten Sie z. B. aktuelle Wetterinformationen, eine schnelle Anzeige aktueller WhatsApp-Nachrichten oder ein Player zum Abspielen von Musik. Widgets sind Apps, die Sie nicht öffnen müssen, um das

Wichtigste zu sehen. Sie können in verschiedenen Größen auf dem Startbildschirm angeordnet werden.

Zwei Widgets haben Sie bereits auf dem Startbildschirm - das Wetter-Widget und das Google-Widget ❶. Für Google ist keine weitere Aktion mehr notwendig, das Wetter-Widget ❷ sollten Sie noch schnell einrichten oder, wenn Sie es nicht verwenden möchten, entfernen (siehe Seite 67). Das Wetter-Widget zeigt die Temperatur für Ihren aktuellen Standort an.

▶ Tippen Sie auf das Wetter-Widget und erlauben Sie dem Widget durch Anklicken von *OK* ❸ auf die Standortinformationen zuzugreifen.

▶ Wenn Sie das Wetter-Widget gedrückt halten, können Sie es an eine Position Ihrer Wahl verschieben.

▶ Durch Antippen von 🔄 ❹ aktualisieren Sie die Anzeige.

Durch Antippen des Wetter-Widgets erhalten Sie eine stündliche Tageswettervorhersage ❺ und eine Vorschau auf die nächsten sieben Tage ❻. Weiter unten finden Sie weitere Informationen, z. B. Sonnenaufgang ❼ und -untergang, Windgeschwindigkeit etc.

Aktualisierung

Wetter und Temperatur ändern sich. Aus diesem Grund muss die App aktualisiert werden, um via Internet die neuesten Informationen abzurufen. Das klappt entweder durch Anklicken des Aktualisierungspfeils 🔄 oder indem Sie mit dem Finger von oben nach unten über den Bildschirm streichen. Die Form der Aktualisierung funktioniert bei mehreren Apps, z. B. auch bei Gmail.

Widgets anzeigen und auswählen

Es gibt noch weitere Widgets und jede neue App, die Sie installieren, kann auch ein neues Widget mitbringen. Im nächsten Beispiel wollen wir das Widget der App *Uhr* auswählen. Mit diesem können Sie die Uhrzeit etwas größer auf dem Bildschirm anzeigen oder auch die Uhrzeit einer zweiten Zeitzone einblenden, nützlich wenn ein Teil der Familie im Ausland wohnt.

▶ Wenn Sie etwas länger mit dem Finger auf eine freie Stelle des Startbildschirms tippen, erscheint die Option *Widgets* ❶. Tippen Sie diese an.

▶ Wischen Sie durch die Liste, bis Sie *Uhr* ❷ finden. Tippen Sie diese an.

▶ Dann wischen Sie horizontal zu *Dual-Uhr*, halten das Widget gedrückt und ziehen es auf den Startbildschirm. Wenn Sie dabei ein bisschen an den rechten Rand des Bildschirms stoßen, verschieben Sie das Widget gleich auf den zweiten Startbildschirm.

▶ Nun muss das Widget noch eingerichtet werden: Tippen Sie oben in das Eingabefeld ❸ und geben Sie die Stadt bzw. das Land ein und tippen Sie auf *Hinzufügen* ❹. Weitere Einstellungen sind nicht notwendig. Tippen Sie auf die Home-Taste.

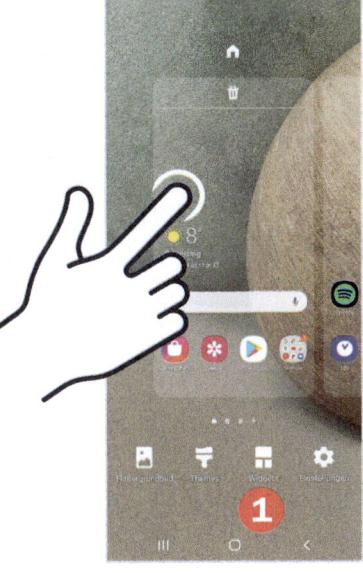  

Widget entfernen

▶ Tippen Sie etwas länger mit dem Finger auf das Widget und wählen Sie im Menü *Von Start entfernen* aus.

3.7 Benachrichtigungen und Berechtigungen

Benachrichtigungen verwalten

Sie erhalten eine Vielzahl von Benachrichtigungen verschiedener Apps, z. B. über neue E-Mails, neue WhatsApp-Nachrichten, Infos aus dem Play Store und vieles mehr. In der Regel ertönt auch ein Signal. Falls Sie von einer App keine Benachrichtigung erhalten möchten, gehen Sie so vor:

▶ Öffnen Sie die *Einstellungen* ⚙ und tippen Sie dann auf *Benachrichtigungen* ❶.

▶ Im Bereich *Kürzlich gesendet* sind die letzten Apps, die Ihnen eine Benachrichtigung geschickt haben, aufgeführt. Durch Ziehen des Reglers ❷ hinter einer App nach links auf die Position *Aus*, legen Sie fest, dass für diese App keine Benachrichtigungen in der Statusleiste mehr angezeigt wird.

▶ Durch Antippen von *Weitere* ❸ zeigen Sie alle Apps an, die Benachrichtigungen schicken dürfen. Auch hier können Sie das über den Regler unterbinden. Für einige Apps, z. B. *Samsung Cloud* ❹ können Benachrichtigungen nicht deaktiviert werden.

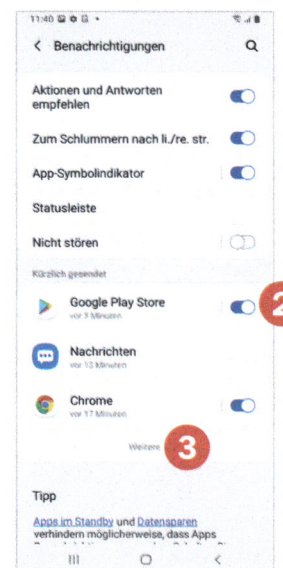
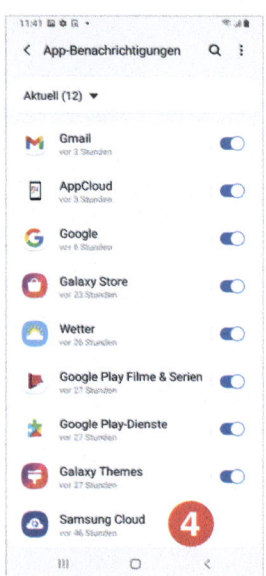

Berechtigungen kontrollieren

Vielleicht kennen Sie das jetzt schon: Beim Öffnen von Apps oder beim Ausprobieren einer speziellen App-Funktion erscheint eine Meldung die Sie auffordert den Zugriff auf einen bestimmten Bereich des Smartphones zuzulassen. Dabei ist es schwer pauschal zu sagen, auf was eine App zugreifen darf. Beispielsweise benötigen Messenger-Apps, wie WhatsApp oder Threema, Zugriff auf Ihre Kontakte. Wenn ein Spiel auf Ihre Kontakte zugreifen möchte, ist das zumindest ungewöhnlich.

▶ Die Berechtigungen finden Sie unter *Einstellungen* ⚙ ▶ *Apps*.

▶ Tippen Sie hier die App an, deren Berechtigungen Sie kontrollieren möchten, z. B. *Kamera*, und tippen Sie dann auf *Berechtigungen* ❶. Jetzt sehen Sie auf welche Bereiche die App *Kamera* zugreifen darf. Vielleicht wundert man sich zunächst über das *Mikrofon* ❷, aber das wird für die Audioaufnahme beim Videodreh benötigt.

▶ Wenn Sie möchten, können Sie den Zugriff auf den Standort entziehen. Dann werden keine Standortinformationen mehr für Fotos angezeigt (siehe auch Seite 101). Dazu tippen Sie auf *Standort* ❸ und dann auf *Ablehnen* ❹.

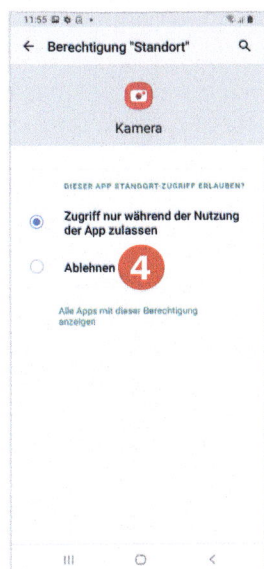

4 Alles rund um Apps

Ohne Apps ist das Smartphone nicht zu gebrauchen. Wie man Apps findet, installiert und verwaltet, erfahren Sie in den nächsten Abschnitten.

> **Was sind eigentlich Apps?**
> Eine App (Application) ist eine Anwendungssoftware mit unterschiedlichen Funktionen. Sie können mit Apps Ihr Smartphone erweitern, sodass es zu einem ganz individuellen Gerät wird.

4.1 Apps finden

Apps erhalten Sie im Galaxy Store und im Play Store. Teilweise werden Ihnen Apps auch über Webseiten zur Verfügung gestellt. Davon würden wir abraten, da Sie so die Kontrollfunktionen des Stores nicht nutzen und es wahrscheinlicher wird, sich samt der App Schadsoftware zu installieren. Wir zeigen Ihnen hier, wie Sie den Play Store ▶ verwenden. Öffnen Sie die App Play Store:

▶ Tippen Sie in das Suchfeld ❶ und geben Sie über die Tastatur den Namen der App ein, z. B. WhatsApp. Sie müssen das meist gar nicht ausschreiben, weil eine Liste mit Vorschlägen ❷ angezeigt wird, aus der Sie durch Antippen auswählen. Achten Sie darauf, dass Sie nicht aus Versehen auf eine *Kategorie* ❺ getippt haben: Sie werden in der Kategorie *Bücher* keine Apps finden.

▶ Anstatt des Namens der App können Sie in das Suchfeld auch eingeben, was Sie tun möchten, z. B. Pflanzen bestimmen ❸. Sie erhalten eine Trefferliste mit passenden Apps, aus der Sie eine auswählen können.

▶ **Stöbern:** Auf der Startseite zeigen Sie durch vertikales Wischen verschiedene Inhalte an. Wenn Sie ein Bereich interessiert, tippen Sie auf → ❹ oder wischen Sie App für App in horizontaler Richtung.

Der Store ist in die Kategorien *Spiele*, *Apps*, *Filme/Serien* und *Bücher* unterteilt ❺. Diese sind weiter untergliedert, z. B. *Top-Charts* (mehr durch horizontales Wischen). Dieses Register finden Sie oben.

> Wenn Sie auf der Startseite das Suchfeld vermissen, wischen Sie vertikal leicht nach unten.

 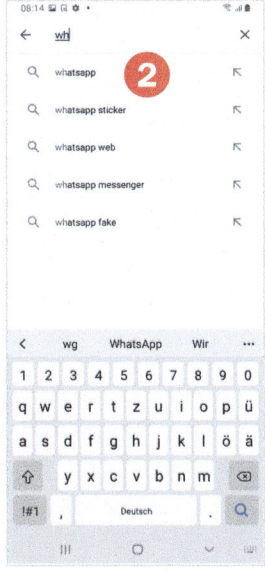 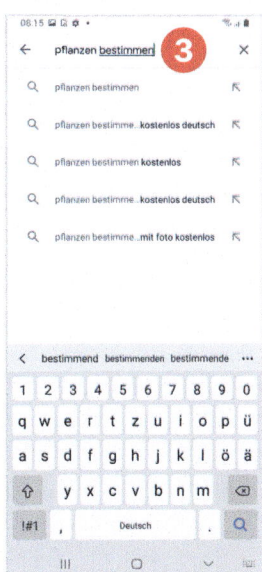

▶ Wenn Sie den App-Namen ausgewählt haben, erscheint in der Regel keine Liste möglicher Apps, sondern sofort die gesuchte ❻. Wählen Sie hier entweder gleich *Installieren* oder tippen Sie für mehr Informationen auf den Namen der App.

▶ **Trefferliste:** Nach einer Suchanfrage erhalten Sie eine lange Liste ❼ mit Apps, die zu Ihrer Anfrage passen. Wischen Sie vertikal nach oben, um weitere Treffer anzuzeigen.

▶ Durch Antippen einer App in der Liste erhalten Sie weitere Informationen:

- Wählen Sie *Über diese App* → ❽. Sie erhalten eine ausführliche Beschreibung zur App. Mit der Zurück-Taste gelangen Sie wieder zur vorigen Seite.

- Viele Downloads bedeuten, dass eine große Anzahl an Menschen die App installiert hat. Das ist nicht immer ein Qualitätskriterium, aber als Hinweis nützlich.

- Wischen Sie vertikal über den Bildschirm und zeigen Sie die *Bewertungen & Rezensionen* an. Die Meinung anderer Nutzer ist oft hilfreich.

- Wenn Ihnen die App gefällt, tippen Sie auf *Installieren* ❾.

▷ Sollten Sie die App nicht installieren wollen, gelangen Sie mit der Zurück-Taste oder dem Pfeil links ❿ oben wieder zur Trefferliste und dann zur Startseite.

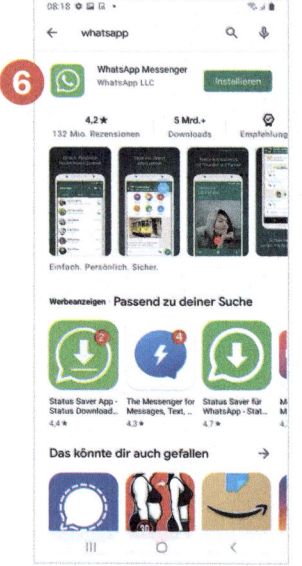

4.2   App installieren

▷ **Kostenlose App:** Durch Anklicken der Schaltfläche *Installieren* ❶ starten Sie die Installation. Nach Abschluss starten Sie die App mit *Öffnen*.

▷ **Kostenpflichtige App:** Tippen Sie auf die Preis-Schaltfläche ❷. Dann tippen Sie auf *Zustimmen*. Im nächsten Fenster sehen Sie nochmals den Preis der App und wie viel Guthaben Ihnen zur Verfügung steht. Wenn Sie noch kein Guthaben zur Verfügung haben, lesen Sie zuerst auf der nächsten Seite, wie man eine Geschenkkarte einlöst.

Tippen Sie auf *Tippen & Kaufen* ❸. Damit startet die Installation. Tippen Sie auf *OK*. Unter Umständen erhalten Sie einen Hinweis auf ein Google Play Pass Probeabo. Tippen Sie auf *Nein, danke*. Nun kann die App geöffnet werden.

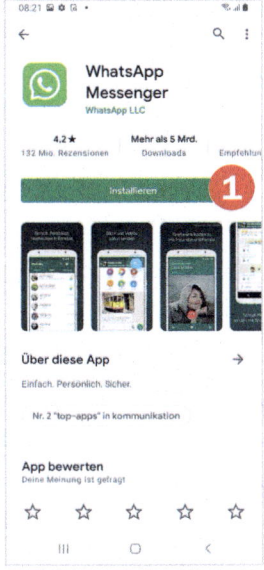

Geschenkkarte einlösen

Im Play Store gibt es viele kostenlose Apps. Sie werden also nicht sofort in die Verlegenheit kommen, für eine App bezahlen zu müssen. In der Kategorie *Bücher* sieht das natürlich anders aus. Kostenlose Apps beinhalten oft Werbung oder bieten In-App-Käufe an. Mit In-App-Käufen erwerben Sie Zusatzfunktionen, die mehr oder weniger notwendig für die Verwendung der App sind. Manche Apps können auch nur als kostenlose Testversion heruntergeladen werden. Dann steht die App nur für einen bestimmten Zeitraum zur Verfügung und kann dann nicht mehr verwendet werden, außer sie wird gekauft.

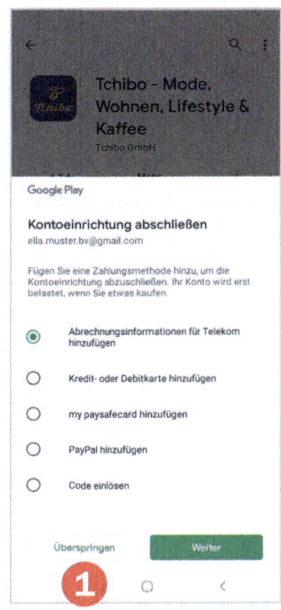

Unter Umständen werden Sie beim Aufrufen des Play Stores gebeten die Kontoeinrichtung für diesen abzuschließen. Sie müssen aber keine Zahlungsmethode hinterlegen, wenn Sie nicht möchten. Wählen Sie einfach, falls die Meldung erscheint, *Überspringen* ❶ aus.

Es gibt eine Reihe von Zahlungsmöglichkeiten, die für den Play Store hinterlegt werden können, z. B. Kreditkarte oder PayPal. Wir empfehlen die Google Play Geschenkkarte mit Gutscheincode. Diese kann in Super- und Elektromärkten sowie Drogerien gekauft werden. Es gibt sie schon ab einem Preis von 5 €, den Sie im rechten oberen Eck ❷ des Gutscheins ablesen können.

▶ Um den Wert der Geschenkkarte Ihrem Konto gutzuschreiben, klicken Sie im Play Store oben links auf ≡ und wählen ganz unten *Einlösen* ❸ aus. Hier geben Sie den freigerubbelten Code ❹ Ihrer Gutscheinkarte ein und tippen auf *Einlösen* ❺.

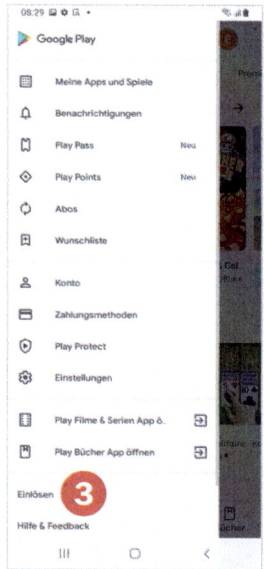

4.3   App löschen

Eine Reihe von Apps sind schon auf Ihrem Smartphone installiert und werden auch dringend benötigt, z. B. die Apps Telefon, Kontakte, Kamera, Einstellungen etc. Diese können gar nicht deinstalliert, d.h. vom Smartphone gelöscht, werden ❶.

Andere vorinstallierte Apps, wie z. B. Netflix oder Facebook, sollten Sie entfernen, wenn Sie diese nicht verwenden möchten. Das ist nur unnötiger Ballast, der jederzeit wieder installiert werden kann, wenn Sie es sich anders überlegen. Ein wenig ärgerlich ist, dass Netflix nicht deinstalliert, sondern nur deaktiviert ❷ werden kann. Besser als nichts, dadurch verhindern Sie, dass Sie aus Versehen Updates für diese App herunterladen und die App verschwindet aus der Übersicht.

Die restlichen Apps und alle von Ihnen installierten Apps können auch wieder deinstalliert ❸ werden.

▶ Tippen Sie etwas länger auf das App-Symbol. Dabei ist es unerheblich, ob Sie die App auf dem Startbildschirm oder App-Bildschirm antippen.

▶ Wählen Sie dann *Deaktiv.* bzw. *Deinstallieren* aus.

4.4 Installierte App finden

Alle installierten Apps werden auf dem App-Bildschirm angezeigt. Je mehr Apps da sind, umso schwieriger wird es, die gewünschte zu finden. Vielleicht versteckt sie sich auch in einem Ordner. Hier hilft die Suchleiste, die oben auf dem App-Bildschirm angezeigt wird:

Zeigen Sie den App-Bildschirm an und tippen Sie oben in die Suchleiste den Namen der App ein. Dazu passende Apps werden automatisch angezeigt. Tippen Sie die gewünschte App ❶ an, um diese zu öffnen.

Über dieses Suchfeld können Sie auch Einstelloptionen ❷ finden, die auf die App *Einstellungen* verweisen und über das Suchfeld schnell aufgerufen werden können.

Wenn Sie die App nicht nur öffnen, sondern auch wissen möchten, wo sie sich befindet, verbleiben Sie mit dem Finger etwas länger auf der gefundenen App, bis die Option *App finden* ❸ angezeigt wird. Tippen Sie sie an. Nun wird entweder der Ordner angezeigt, in dem die App zu finden ist oder der App-Bildschirm; auf diesem bewegt sich die gesuchte App, um auf sich aufmerksam zu machen.

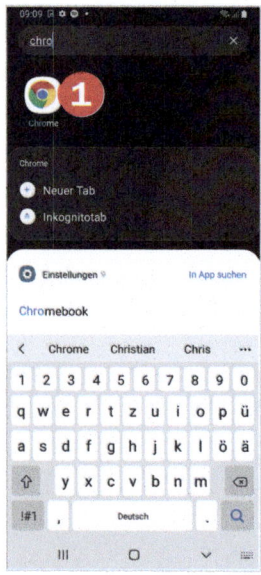
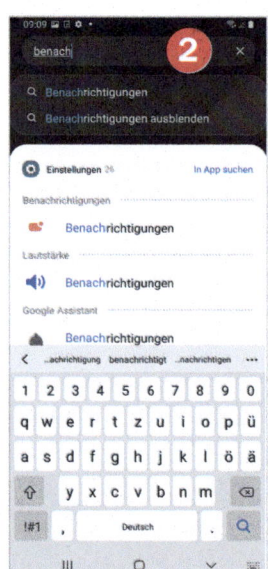
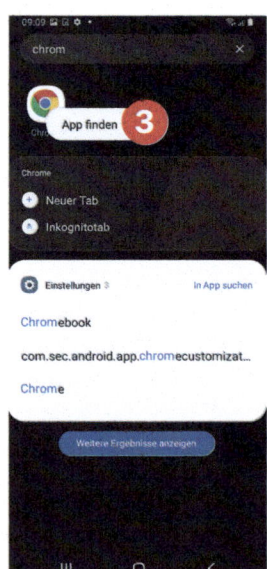

Was bedeuten die orangenen Kugeln an den App-Symbolen?
Diese zeigen an, dass Handlungsbedarf besteht. Beispielsweise weisen sie auf den Eingang einer neuen Nachricht, E-Mail oder auf einen verpassten Anruf hin. Sie zeigen auch an, dass für die App noch etwas eingerichtet oder eine Information hinterlegt werden muss.

4.5 Standardapps festlegen

Zur Anzeige von E-Mails benötigen Sie eine E-Mail-App. Um PDF-Dateien zu betrachten, wird ein PDF-Viewer gebraucht und um Internetseiten aufzurufen, muss eine Browser-App installiert sein.

Internetseiten können Sie sowohl mit der App Samsung Internet als auch mit Google Chrome anzeigen. Beide sind auf Ihrem Smartphone vorhanden. Wenn Sie nun eine Internetseite über einen Link öffnen (z. B. ein Link in WhatsApp oder einer E-Mail), dann dürfen Sie entscheiden, mit welcher App die Seite angezeigt werden soll. Sie erhalten dann folgende Abfrage:

▶ Damit Sie diese Anzeige nicht dauernd wieder erhalten, müssen Sie sich entscheiden, ob Sie lieber mit Chrome oder Samsung Internet arbeiten. Dazu tippen Sie den entsprechenden Browser an und dann auf *Immer* ❶.

▶ Wer sich noch nicht gleich entscheiden mag, tippt einen Browser an und dann auf *Nur diesmal* ❷. Das bedeutet aber auch, dass Sie beim nächsten Mal wieder gefragt werden.

> Diese Entscheidung treffen Sie nur für den Fall, dass die Browser-App automatisch aufgerufen wird. Wenn Sie selber etwas suchen, können Sie Chrome, Samsung Internet, die Google App oder jeden anderen Browser verwenden.

4.6 Updates

Sowohl Ihre Apps als auch die Software Ihres Smartphones erhält von Zeit zu Zeit Aktualisierungen, um Sicherheitslücken zu schließen, Fehler zu beheben, bestehende Funktionen zu verbessern oder neue hinzuzufügen. Die Updates im Auge zu behalten, ist nicht nur aus Gründen der Sicherheit wichtig. Updates sollten auch in regelmäßigen Abständen heruntergeladen werden, um den vollen Funktionsumfang zu erhalten. Wenn zu viele Updates über einen langen Zeitraum verpasst werden, treten vermehrt Fehler auf.

Android-Systemupdate

Auf die Notwendigkeit, ein Softwareupdate durchzuführen, werden Sie durch eine automatische Einblendung auf dem Bildschirm aufmerksam gemacht.

▶ Wenn Sie das Update durchführen möchten, tippen Sie auf *Jetzt installieren* ❶. Beachten Sie aber unbedingt:

- Sie können während des Updates das Smartphone nicht verwenden.

- Das Handy wird neu gestartet, Sie benötigen also die PIN der SIM-Karte, um das Gerät zu entsperren.

- Sie sollten das Update nur durchführen, wenn Ihr Smartphone mit einem WLAN verbunden ist. Wenn Sie gerade unterwegs sind, verschieben Sie es.

- Das Update nimmt keine Änderung an Ihren gespeicherten Daten (Fotos, Nachrichten, Adressen) vor. Bei jeder Installation verbleibt allerdings ein Restrisiko. Sie können also Daten vorher sichern.

▶ Wenn Sie das Update momentan nicht durchführen möchten, klicken Sie einfach auf den Home-Button.

 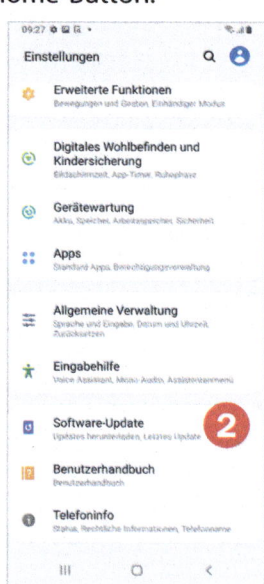 

▶ Natürlich ist aufgeschoben nicht aufgehoben. Sie sollten das Update zeitnah installieren. Öffnen Sie dazu die *Einstellungen* ⚙, wischen Sie vertikal über das Display und wählen Sie *Software-Update* ❷ aus.

▶ Tippen Sie hier auf *Herunterladen und Installieren* und dann auf *Jetzt installieren*.

▶ Während der Installation kann der Bildschirm auch schwarz werden. Die meiste Zeit sehen Sie das Android-Symbol und einen Fortschrittsbalken ❸. Am Ende der Installation wird das Smartphone neu gestartet. Geben Sie jetzt die PIN der SIM-Karte ein.

Apps aktualisieren im Play Store

Updates Ihrer installierten Apps erhalten Sie über den Play Store. Hier sollten Sie festlegen, dass Updates automatisch heruntergeladen werden, wenn Ihr Smartphone mit einem WLAN verbunden ist. Das ist die Standardeinstellung. So vergewissern Sie sich, dass diese auch bei Ihnen festgelegt ist:

▶ Öffnen Sie den Play Store ▶ und tippen Sie links oben auf das Menü-Symbol ≡.

▶ Tippen Sie dann auf *Einstellungen* ❶: Bei *Automatische App-Updates* ❷ sollte folgender Text stehen: *Automatische App-Updates nur über WLAN aktualisieren*. Sie sollten Updates nur über WLAN installieren, da sonst das Datenvolumen des Mobilfunkvertrags zu stark belastet wird.

▶ Falls das nicht der Fall ist, tippen Sie auf *Automatische App-Updates* und wählen *Nur über WLAN* ❸ aus. Bestätigen Sie durch Tippen auf *FERTIG*. Die Einstellungen verlassen Sie über die Zurück-Taste.

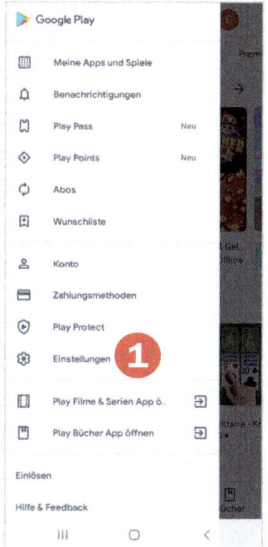
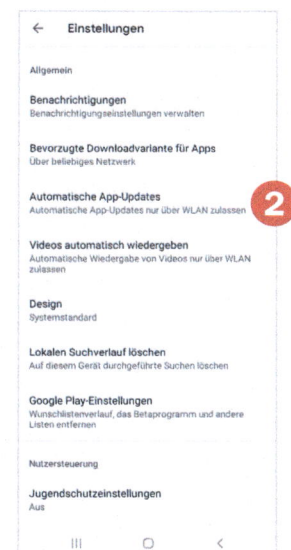
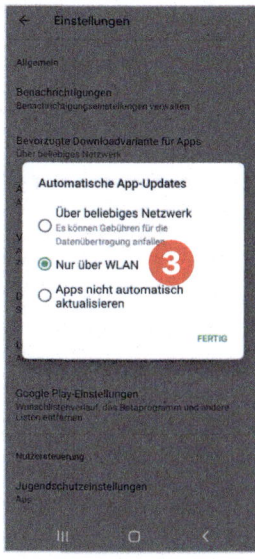

Bei manchen Apps wird das automatische Update nicht unterstützt. Hier müssen Sie dann die Aktualisierung manuell anstoßen. So geht's:

▶ Tippen Sie im Play Store ▶ auf das Menü-Symbol ≡ und wählen Sie *Meine Apps und Spiele* ❶ aus.

▶ Dieser Bereich ist in mindestens drei Register unterteilt: *Updates*, *Installiert* und *Mediathek* ❷. Das Register *Updates* ist standardmäßig ausgewählt.

▶ Bei *Ausstehende Updates* finden Sie Aktualisierungen, die Sie manuell durchführen müssen. Tippen Sie auf *Alle aktualis.* ❸, um die Updates für alle angezeigten Apps herunterzuladen.

▶ Im Bereich darunter sehen Sie die Updates, die automatisch erfolgt sind.

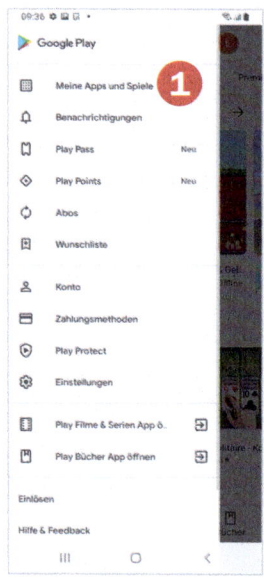

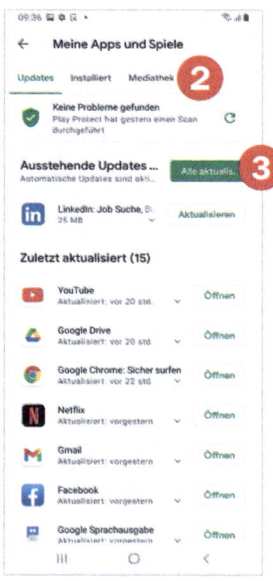

Tipp: In der Mediathek (zum Anzeigen einfach darauf tippen) finden Sie Apps, die schon einmal auf Ihrem Smartphone installiert waren, aber entfernt wurden. Falls Sie eine App vermissen, können Sie diese hier leicht finden und wieder installieren.

5 Tatsächlich telefonieren

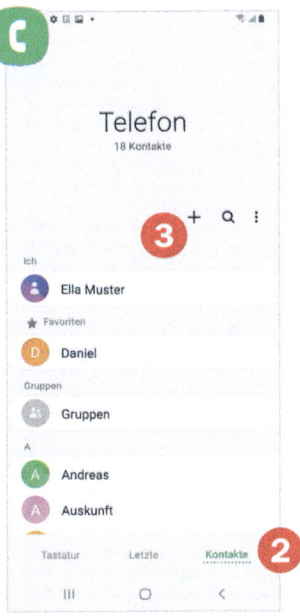

Die jüngere Generation macht fast alles mit dem Smartphone - nur sehr selten telefoniert sie. Wir glauben noch an das Telefonat, deswegen möchten wir ihm hier ein Kapitel widmen. Am bequemsten telefonieren Sie, wenn Sie die Telefonnummern Ihrer Familie und Freunde im Adressbuch des Smartphones gespeichert haben.

5.1 Das Adressbuch verwalten

Das Adressbuch finden Sie auf Ihrem Smartphone in Form der App *Kontakte*. Falls Sie beim Öffnen der App schon Kontakte vorfinden, haben Sie diese unter Umständen bereits für Ihr Gmail-Konto, vielleicht im Zuge des Schreibens von E-Mails, abgespeichert.

Kontakte abspeichern

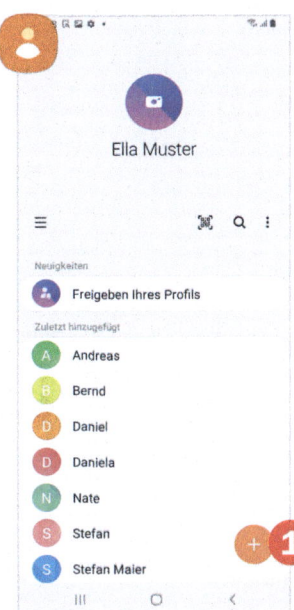

▶ Öffnen Sie die Kontakte-App 👤 .

▶ Um einen neuen Kontakt einzuspeichern, tippen Sie auf ➕ ❶.

Kontaktdaten können Sie auch ganz leicht über die App *Telefon* im Bereich *Kontakte* ❷ (Abbildung oben) durch Antippen von + ❸ speichern. Die Daten werden ebenfalls in der App *Kontakte* angezeigt.

▶ Beim Hinzufügen des ersten Kontakts entscheiden Sie, wo dieser gespeichert werden soll: *Telefon* (Smartphone), *SIM-Karte* oder *Google*. Letzteres bietet den Vorteil, dass Ihre Kontakte extern gesichert sind und z.B. bei Verlust des Telefons weiterhin zur Verfügung stehen. Mit der Option *SIM-Karte* können nur Name und Telefonnummer gespeichert werden und mit der Auswahl *Telefon* werden die Daten auf dem Telefon gespeichert und ebenfalls nicht gesichert. Mit Auswahl von *Google* ❹ und Auswahl von *Immer* werden die Kontakte gesichert und die Abfrage erscheint nicht mehr.

▶ **Foto:** Mit dem Kamera-Symbol ❺ knipsen Sie ein neues Bild oder fügen über die Galerie dem Kontakt ein bereits vorhandenes Bild hinzu.

▶ **Name:** Geben Sie bei *Name* den Vor- und Nachnamen ein.

▶ **Telefonnummer:** Tippen Sie in das Feld *Telefon*, um eine Telefonnummer einzugeben. Beachten Sie, dass jede Nummer mindestens mit Ortsvorwahl eingegeben werden muss. Besser ist es, auch die Ländervorwahl zu hinterlegen. Durch längeres Drücken der Null wird ein Pluszeichen für +49 eingefügt. Dann folgt die Vorwahl ohne Führungsnull.

▶ Mit + fügen Sie weitere Telefonnummern, E-Mail-Adressen etc. hinzu. Mit – entfernen Sie einen Eintrag wieder.

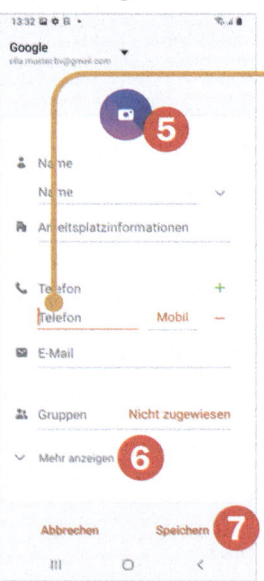

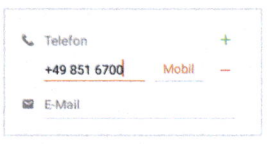

Tippen Sie auf *Mobil*, um einen Nummerntyp auszuwählen (*Zuhause*, *Arbeit* etc).

Sobald Sie eine Telefonnummer eingegeben haben, erscheint darunter ein weiteres Feld, falls Sie mehrere Nummern eingeben wollen.

▶ Wenn Sie auf *Mehr anzeigen* ❻ tippen, erhalten Sie weitere Eingabemöglichkeiten, z. B. postalische Adresse, Webseite oder Speicherung des Geburtstags (dazu gleich mehr auf der nächsten Seite).

▶ Um den Kontakt abzuspeichern, tippen Sie auf *Speichern* ❼.

So vergessen Sie keine Geburtstage!

Wenn Sie einen Kontakt in Ihrem Adressbuch anlegen, können Sie gleich dessen Geburtstag eintragen, der anschließend in der Kalender-App zu sehen ist. Tippen Sie auf *Mehr anzeigen* ❻ ▸ *Wichtige Datumsangaben* ▸ *Datum*. Um das Geburtsjahr anzeigen zu lassen, setzen Sie ein Häkchen bei *Jahr eingeben*. Anschließend bewegen Sie den Finger auf dem Bildschirm von unten nach oben und umgekehrt, um Tag, Monat und Jahr auszuwählen. Bestätigen Sie mit *Fertig*.

Kontakte bearbeiten und löschen

Kontakt bearbeiten: Manchmal kommt es vor, dass sich Details zu einem Kontakt ändern oder Sie etwas ergänzen möchten. Wie Sie diesen bearbeiten, erfahren Sie hier:

▸ Öffnen Sie den Kontakt in Ihrem Adressbuch durch Antippen und wählen Sie unten *Bearbeiten* ❶ aus.

▸ Ändern Sie nun Inhalte oder fügen Sie neue hinzu.

▸ Bestätigen Sie Ihre Änderungen mit *Speichern* ❷.

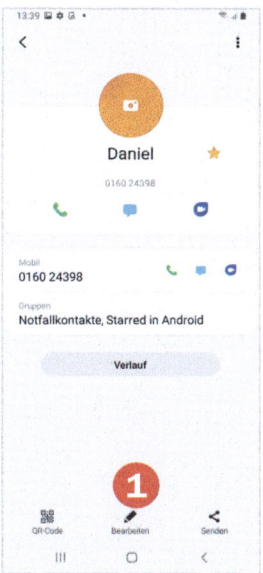
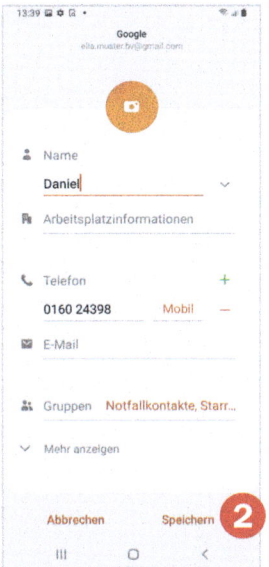
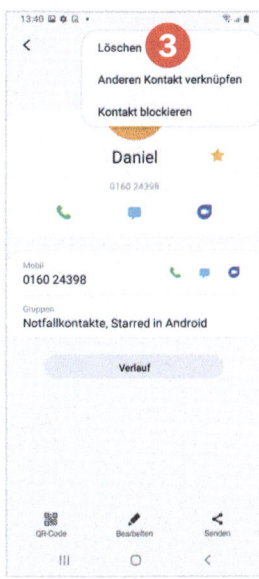

Kontakt löschen:

▶ Öffnen Sie den Kontakt und tippen Sie rechts oben auf ⋮ .

▶ Wählen Sie *Löschen* ❸ (siehe vorige Seite) und dann nochmals *Löschen*.

Mist! Meine Handynummer vergessen ...
Öffnen Sie die *Einstellungen* ⚙ und zeigen Sie ganz unten die Kategorie *Telefoninfo* an. Hier finden Sie Ihre Telefonnummer.

Kontakte als Favorit oder als Widget

Kontakt favorisieren

Einige Kontakte sind wichtiger als andere – nur gut, dass man diese als Favoriten festlegen kann, sodass sie in einer eigenen Rubrik erscheinen und man nicht lange suchen muss.

▶ Öffnen Sie den Kontakt, den Sie als Favorit hinzufügen wollen.

▶ Tippen Sie auf das Stern-Symbol ❶. Der Stern wird gelb ★ angezeigt, damit ist der Kontakt nun ein Favorit.

▶ Der Kontakt wird oben ❷ in der Kontakte-Liste angezeigt.

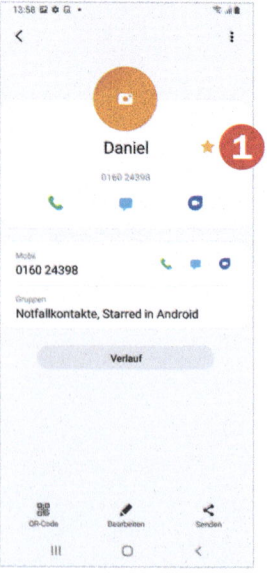

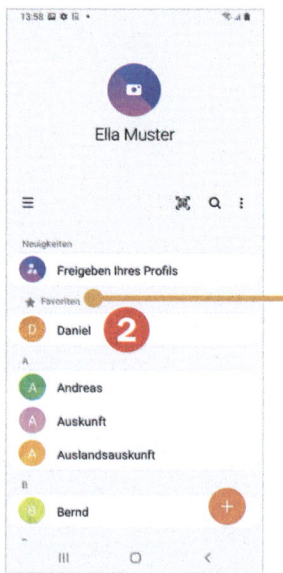

Die Rubrik Favoriten wird automatisch in der App Kontakte oben angezeigt, sobald der erste Kontakt mit einem gelben Stern versehen wurde.

Wichtiger Kontakt als Widget

Über ein Widget auf dem Startbildschirm können Sie einen Kontakt schnell anrufen.

▶ Wenn Sie etwas länger mit dem Finger auf eine freie Stelle des Startbildschirms tippen, erscheint die Option *Widgets* ❶. In der Liste können Sie nun *Kontakte* ❷ auswählen.

Alternativ können Sie auch zwei Finger auf dem Bildschirm zusammenziehen, um die Auswahlmöglichkeit *Widgets* zu erhalten.

▶ Sie haben nun drei Möglichkeiten, wie der Kontakt als Widget erscheinen soll: *Direktnachricht*, *Direktwahl* oder *Kontakt*.

▶ In diesem Beispiel soll der Kontakt angerufen werden, wenn man auf das Widget tippt. Deswegen wählen wir hier *Direktwahl* ❸ aus. Halten Sie dazu das Widget *Direktwahl* und ziehen Sie es auf eine beliebige Stelle des Startbildschirms.

▶ Abschließend wählen Sie den Kontakt aus der Liste aus und dieser wird als Widget auf dem Startbildschirm angezeigt. Ein Tippen genügt und der Kontakt (hier Daniel) wird angerufen.

Hilfe im Notfall

Schnell ist es passiert, dass man in eine Notsituation gerät und dringend Hilfe braucht. Ihr Smartphone bietet Ihnen hier eine gute Lösung: Sie können einen Kontakt anlegen, der in einem Notfall angerufen wird, ohne dass Ihr Smartphone entsperrt werden muss. So kann auch ein anderer für Sie telefonieren. Zusätzlich können auch medizinische Informationen angeben werden, z. B. Blutgruppe, Medikamente, Allergien etc. Auch diese Informationen können bei gesperrtem Smartphone eingesehen werden. Wenn Sie Ihr Smartphone verlieren, natürlich auch von unbefugten Personen.

Notfallinformationen hinterlegen

▶ Tippen Sie in der Kontakte-App ganz oben in der Liste auf Ihr Profil (Ihr Name bzw. Ihre Telefonnummer) ❶.

▶ Durch Antippen von *Medizinische Notfallinformationen* ❷ erhalten Sie ein Formular in das Sie wichtige medizinische Daten eintragen können.

▶ Im unteren Bereich wählen Sie *Notfallkontakte* ❸ aus. Ihre favorisierten Kontakte werden hier ❹ zur Auswahl des Notfallkontakts angeboten. Ist ein passender dabei, tippen Sie diesen an.

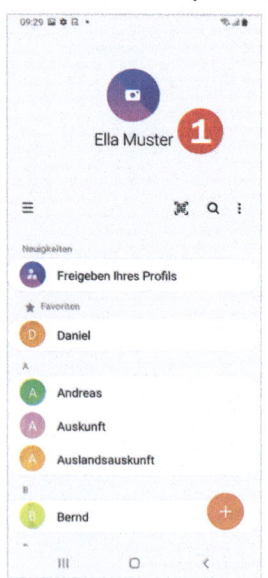

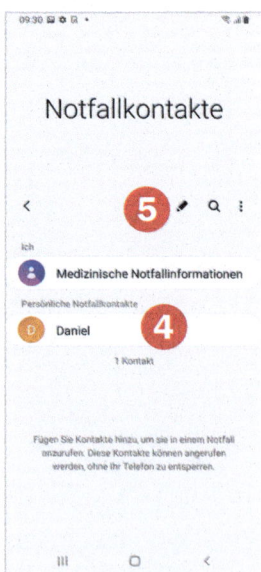

▶ Wenn kein passender Kontakt dabei ist oder keine Vorschläge angezeigt werden, tippen Sie auf das Stift-Symbol ❺. Anschließend können Sie auf *Mitglied hinzufügen* ❻ tippen.

▶ In der folgenden Liste fügen Sie durch Antippen einen Kontakt **7** hinzu. Bestätigen Sie mit *Fertig* und mit *Speichern*.

> Wenn Sie als Notfallkontakt eine Person ausgewählt haben, bei deren Kontakt mehrere Nummern hinterlegt sind, wird immer die erste aufgeführte Telefonnummer angerufen.

Notfallkontakt anrufen

▶ Um den Notfallkontakt zu erreichen, zeigen Sie durch Drücken der Funktionstaste den Sperrbildschirm an und streichen dann über den Bildschirm. Tippen Sie im unteren Bereich auf *Notruf* **1** und anschließend auf den Kontakt **2** (bzw. auf *Med. Infos* **3**) und dann unten auf *OK*.

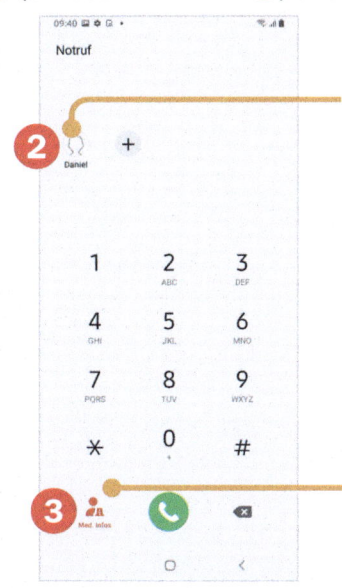

Tippen Sie auf den erstellten Notfallkontakt, dieser wird sogleich angerufen.

Über *Med. Infos* sind Ihre zuvor eingegebenen Daten sichtbar.

5.2 Freunde und Familie anrufen

In der App *Telefon* 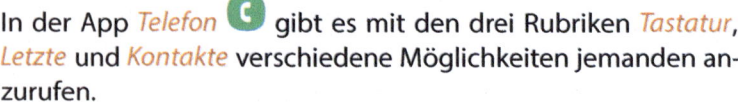 gibt es mit den drei Rubriken *Tastatur*, *Letzte* und *Kontakte* verschiedene Möglichkeiten jemanden anzurufen.

Telefonnummer eintippen

Mit der Auswahl *Tastatur* ❶ können Sie eine Nummer einfach eintippen. Beachten Sie, dass Sie immer die Vorwahl eingeben müssen. Tippen Sie anschließend auf den grünen Hörer zum Verbindungsaufbau. Mit der Löschen-Taste ⊗ können Sie einen Tippfehler entfernen.

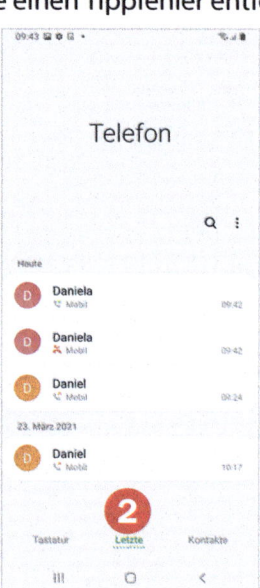
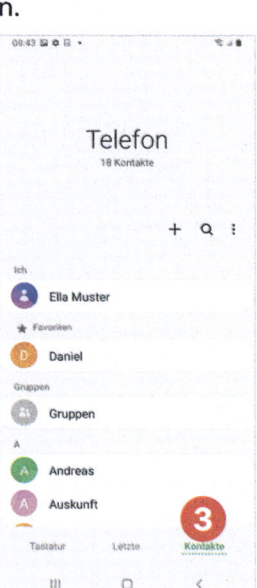

Aus der Anrufliste auswählen

Bei *Letzte* ❷ wird eine Anrufliste angezeigt, auf der alle verpassten bzw. angenommenen Anrufe und alle Personen, die Sie angerufen haben, vermerkt sind. Wenn Sie einen Kontakt eingespeichert haben, wird in der Liste der Name der Person angezeigt, sonst die Nummer.

 Dieser Anruf wurde von Ihnen getätigt.

 Verpasster Anruf

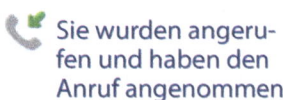 Sie wurden angerufen und haben den Anruf angenommen.

 Auf verpasste Anrufe werden Sie auch durch eine Zahl am App-Symbol aufmerksam gemacht.

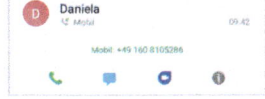

▶ Wollen Sie einen Kontakt erneut anrufen, tippen Sie einfach auf den Eintrag und dann auf den grünen Hörer.

Sollten Sie die Nummer nicht kennen, ist Vorsicht geboten. Mit einer Rückrufmasche versuchen Betrüger Sie zu verleiten, bei kostenpflichtigen Telefonnummern anzurufen und Sie dann durch unverständliche Bandansagen oder Warteschleifen möglichst lang in der Leitung zu halten. So ein Anruf kann dann mehrere Euro pro Minute kosten. Meist werden dazu ausländische Telefonnummern verwendet, deren Ländervorwahl deutschen Ortsvorwahlen ähnelt, z. B. 00241 Gabun, 0241 Aachen oder Sonderrufnummern wie die 00882 oder 00883.

> Unterstrichene Nummern, z. B. in einer SMS oder auf einer Internetseite, weisen darauf hin, dass diese Nummer anwählbar ist, d. h. heißt, wenn Sie darauf tippen, werden Sie gefragt, ob eine Verbindung zu dieser Nummer hergestellt werden soll.

Aus dem Adressbuch auswählen

Bei *Kontakte* ❸ (Abbildung vorige Seite) wählen Sie einen bestimmten Kontakt aus, den Sie eingespeichert haben. Die Liste ist alphabetisch sortiert. Zum „Blättern" durch das Adressbuch streichen Sie vertikal über den Bildschirm.

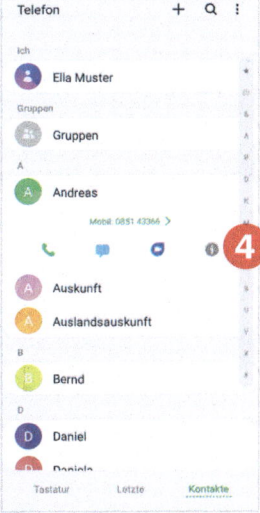

▶ Durch Antippen des gewünschten Kontakts wird der grüne Hörer zum Verbindungsaufbau angezeigt.

▶ Ein Pfeil ❯ hinter der Telefonnummer weist darauf hin, dass für den Kontakt eine zweite Telefonnummer hinterlegt ist. Wenn Sie lieber dieser Nummer anrufen möchten, tippen Sie zunächst auf ❶ ❹ und dann auf den grünen Hörer bei der passenden Nummer.

> Wenn Sie einen Kontakt in Ihrem Adressbuch aufrufen, können Sie diesen nicht einfach nur über einen Sprachanruf kontaktieren, sondern Sie haben auch die Möglichkeit, einen Videoanruf ◉ zu tätigen oder eine SMS 💬 zu schreiben.

5.3 Anruf annehmen oder nicht?

▶ **Annehmen:** Wenn Sie einen Anruf erhalten, tippen Sie auf den grünen Hörer ❶ und ziehen ihn nach oben. Das ist auch möglich, wenn das Smartphone gerade gesperrt ist. Während des Telefonats können Sie den Anruf über diese Taste ❷ kurz stummschalten, dann werden Sie nicht gehört. Mit ❸ schalten Sie den Lautsprecher ein und müssen das Smartphone nicht mehr ans Ohr halten. Das ist ganz praktisch, wenn Sie sich in einer Telefonwarteschlange befinden oder andere das Gespräch mithören sollen. Durch nochmaliges Antippen schalten Sie die Stummschaltung bzw. den Lautsprecher wieder aus.

> Tipp: Durch Antippen von *Tasten* erhalten Sie im Gespräch ein Ziffernfeld. Für Anrufe bei Behörden oder Firmen wird die Zuteilung des korrekten Ansprechpartners zum Teil durch Eingabe von Nummern gelöst: „Für Fragen zu einer Rechnung tippen Sie die 1.“

▶ **Ablehnen:** Haben Sie gerade keine Zeit, dann tippen Sie auf den roten Hörer ❹ und ziehen ihn nach oben. Oder geben Sie dem Anrufer via SMS Bescheid, dass Sie den Anruf nicht entgegennehmen können: Ziehen Sie den weißen Balken (*Nachricht senden*) ❺ nach oben und wählen Sie eine Nachricht ❻ durch Antippen aus.

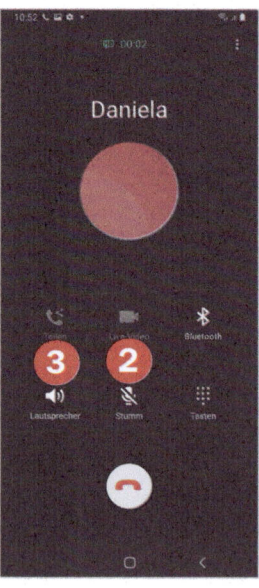

6 Nachrichten und Fotos versenden

SMS, E-Mail und Nachrichten über WhatsApp erleichtern die Kommunikation mit den Mitmenschen ungemein. Ein kurzer Text getippt, schnell auf Senden gedrückt und sofort kommt die Nachricht beim Empfänger an. In diesem Kapitel werden die Apps *Nachrichten*, *Gmail* und *WhatsApp* behandelt.

6.1 SMS versenden und empfangen

Eine SMS ist eine Mitteilung, die 160 Zeichen lang ist. Umfasst Ihre Nachricht mehr Zeichen wird automatisch eine zweite verschickt. Der Versand von SMS kann zusätzliche Kosten verursachen, ist aber auch bei vielen Anbietern kostenlos. Hier müssen Sie einen Blick in Ihren Vertrag werfen.

Trotz vieler anderer komfortabler und funktionsreicher Kommunikationsapps hat die SMS immer noch ihre Berechtigung. Sie erhalten Informationen Ihres Mobilfunkanbieters als SMS, z. B. eine Benachrichtigung, wenn Sie sich in einem ausländischen Netz befinden, auch Zugriffscodes werden via SMS versendet. Gegenüber WhatsApp hat die SMS einen Vorteil: sie kann auch versendet werden, wenn keine mobilen Daten und kein WLAN zur Verfügung stehen. Eine SMS (Short Message Service - Kurznachrichtendienst) versenden Sie über die Nachrichten-App, die auf Ihrem Smartphone vorinstalliert ist.

SMS versenden

▶ Öffnen Sie die *Nachrichten*-App 💬 auf Ihrem Smartphone.

▶ Chat auswählen:

- Tippen Sie auf die Schaltfläche *Chat starten* 💬 ❶ und tippen Sie bei *Empfänger* den Namen der Person ein. Schon nach den ersten Buchstaben erhalten Sie eine Trefferliste ❷. Hier können Sie den passenden Kontakt durch antippen auswählen.

- Falls Sie mit der Person bereits Nachrichten ausgetauscht haben, können Sie auch den vorhandenen Chat ❸ durch Antippen anzeigen. Dann ist der Empfänger bereits eingetragen.

▶ Tippen Sie in das Nachrichtenfeld und verfassen Sie Ihre Nachricht. Senden Sie die Mitteilung durch Antippen von 🛩 ④.

Tipp: Wenn Sie eine lange Nachricht schreiben, erscheinen rechts über der Nachricht Ziffern, wie in unserem Beispiel 9/1 ⑤. Dies zeigt an, dass Sie noch 9 Zeichen zur Verfügung haben, bis eine zweite SMS versendet wird. Sie können einfach weiterschreiben, für die Eingabe macht das keinen Unterschied.

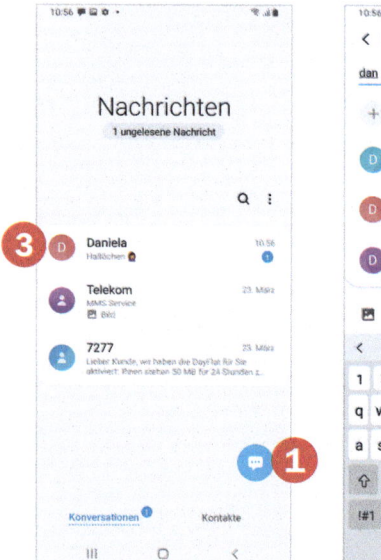
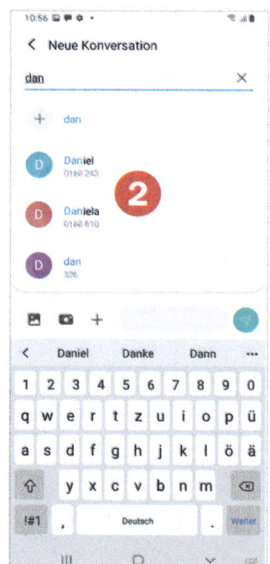

> Über die Nachrichten-App können auch Bilder versendet werden. Tippen Sie dazu neben dem Texteingabefeld auf 🖼. Damit erhalten Sie Zugriff auf Ihre Bilder und können durch antippen das Gewünschte auswählen. Aber Vorsicht, für das Versenden einer MMS (SMS mit Foto) fallen zusätzliche Kosten an.

Eine Nachricht, die Sie zwischen zwei Samsung Smartphones austauschen, wird als Chat-Nachricht (ähnlich WhatsApp) versendet und reduziert, wenn Sie nicht mit einem WLAN verbunden sind, das mobile Datenvolumen. Sie erkennen, ob Sie eine SMS oder eine Chat-Nachricht schreiben an der Farbe der *Senden* Schaltfläche und an der Farbe der gesendeten Nachricht: grün 🛩 für SMS und blau 🛩 für Chat.

SMS erhalten

Auf den Eingang einer SMS werden Sie im Benachrichtigungsfeld und durch eine Ziffer (Anzahl der neuen SMS) am App-Symbol hingewiesen. Nach dem Öffnen der App sehen Sie Ihre Nachrichten. Ungelesene sind mit einer Ziffer ❺ (siehe Bild vorige Seite) versehen. Durch Antippen öffnen Sie diese und können im Nachrichtenfeld antworten. Mit der Zurück-Taste ‹ gelangen Sie wieder zur Übersicht.

Chat löschen

Um einen Nachrichtenverlauf zu löschen, tippen Sie ihn etwas länger an und wählen unten *Löschen* 🗑 .

6.2 Über E-Mail kommunizieren

Zum Verfassen und Empfangen von E-Mails empfehlen wir die Nutzung von *Gmail*, da hier bereits die Daten Ihres Benutzerkontos, welche Sie während der Einrichtung des Handys eingegeben haben, hinterlegt sind. Sie können sofort loslegen. Wahrscheinlich werden Sie den Großteil des E-Mail-Verkehrs am PC erledigen. Sie können dasselbe Konto mit Ihrem Smartphone und dem Computer verbinden. Sie finden *Gmail* im Ordner *Google* auf dem Startbildschirm. Zum Öffnen tippen Sie diesen an und wählen *Gmail*.

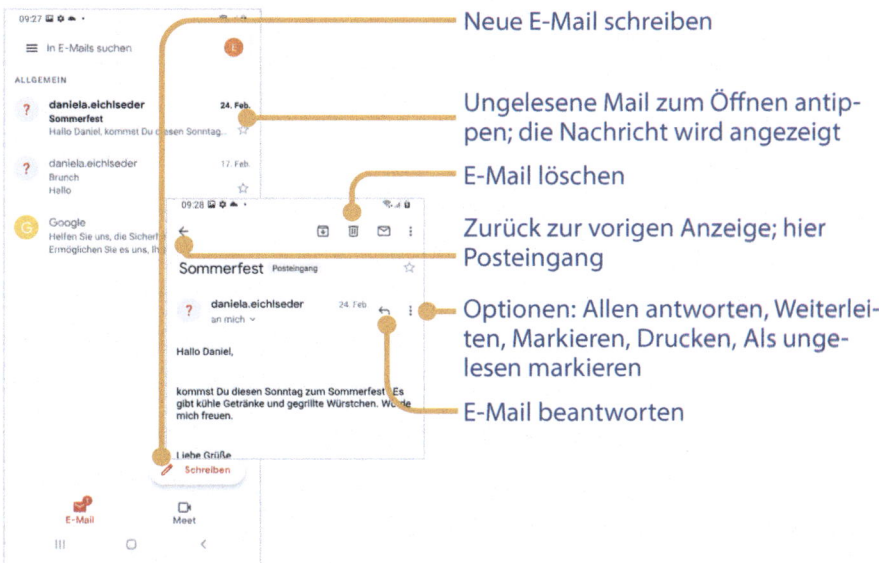

Neue E-Mail schreiben

Ungelesene Mail zum Öffnen antippen; die Nachricht wird angezeigt

E-Mail löschen

Zurück zur vorigen Anzeige; hier Posteingang

Optionen: Allen antworten, Weiterleiten, Markieren, Drucken, Als ungelesen markieren

E-Mail beantworten

Neue E-Mail lesen

Dass eine neue E-Mail eingetroffen ist, sehen Sie schon an der angezeigten Nummer  beim Gmail-Symbol. Öffnen Sie die Gmail-App im Ordner *Google*. Der Posteingang wird automatisch angezeigt. Neue E-Mails finden Sie immer ganz oben in der Liste. Sie blättern durch die Liste durch vertikales Wischen.

Zum Lesen des Inhalts tippen Sie die neue E-Mail an. Mit der Zurück-Taste gelangen Sie wieder zur Übersicht.

> **Tipp:** Neue E-Mails kündigen sich bereits auf dem Sperrbildschirm an. Die Benachrichtigung, dass eine neue E-Mail eingetroffen ist, sehen Sie im Benachrichtigungsbereich. Ziehen Sie vom oberen Rand des Bildschirms nach unten. Tippen Sie auf die E-Mail-Nachricht, um diese anzuzeigen.

E-Mail beantworten

Um eine E-Mail zu beantworten, tippen Sie in der geöffneten Mail auf ↰. Bei *Antworten* wählen Sie aus, ob Sie nur dem Absender oder allen antworten möchten. Der Betreff wird mit dem Zusatz Re übernommen. Schreiben Sie Ihren Nachrichtentext und tippen Sie auf ▷.

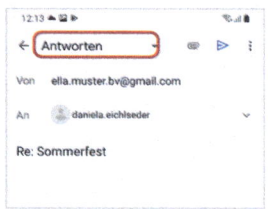

Neue E-Mail verfassen

Tippen Sie auf ✏ *Schreiben* und tragen Sie im Feld *An* die E-Mail-Adresse des Empfängers ein. Beim Eingeben der ersten Buchstaben erhalten Sie meist schon Vorschläge für mögliche Empfänger. Tippen Sie einen Vorschlag an, um diesen zu übernehmen. Tippen Sie dann auf *Betreff* und geben Sie einen kurzen Hinweis ein. Berühren Sie das Feld darunter, um den eigentlichen Nachrichtentext zu verfassen.

Foto oder Video versenden

Mit dem Klammer-Symbol ✑ können Sie via Gmail Dateien (Fotos, kurze Videos etc.) versenden. Wählen Sie nach Antippen der Klammer *Datei anhängen* aus und navigieren Sie beispielsweise zu Ihrem Bilderordner. Durch Antippen öffnen Sie den Ordner und wählen das Bild aus. Die Nachricht wird wie gewohnt bearbeitet und versendet.

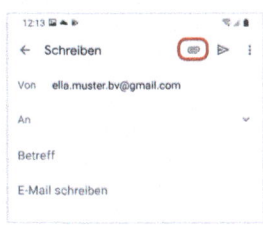

E-Mail löschen

Durch längeres Antippen einer E-Mail erhalten Sie weitere Bearbeitungsmöglichkeiten. Tippen Sie auf das Papierkorb-Symbol 🗑 oben rechts, um die markierte E-Mail zu löschen. Die gelöschte E-Mail verbleibt 30 Tage im Papierkorb und wird dann endgültig gelöscht.

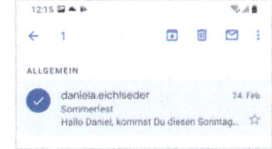

6.3 Nachrichten über WhatsApp

Via WhatsApp tauschen Sie Nachrichten, Bilder und Videos mit Freunden aus. WhatsApp-Nachrichten haben für viele Menschen die SMS abgelöst, schließlich ist dieser Dienst kostenlos, man kann ganz einfach Fotos und Videos versenden und sogar Sprach- und Videoanrufe tätigen. Zunächst muss die App aus dem Play Store heruntergeladen werden. Wie das geht, haben Sie bereits auf Seite 72 erfahren.

WhatsApp einrichten

▶ Nach dem Öffnen der App stimmen Sie den Nutzungsbedingungen mit *Zustimmen und Fortfahren* ❶ zu. Um diese zu lesen, tippen Sie auf die farbig hinterlegten Worte und zeigen mit der Zurück-Taste danach wieder WhatsApp an.

▶ Tragen Sie dann Ihre Telefonnummer ein ❷ und bestätigen mit *OK*. Der Landescode *+49* wird automatisch vorangestellt. Dadurch entfällt die erste Null Ihrer Telefonnummer.

▶ Zur Verifikation der Telefonnummer wird eine SMS gesendet und in der Regel auch gleich übernommen. Ansonsten tippen Sie den sechsstelligen Code ein. Wenn Sie keine SMS erhalten haben, überprüfen Sie die angezeigte Telefonnummer. Hat sich ein Tippfehler eingeschlichen, dann tippen Sie auf *Falsche Nummer?*. Ist die Nummer richtig, wählen Sie entweder *SMS erneut senden* oder *Anrufen lassen*.

  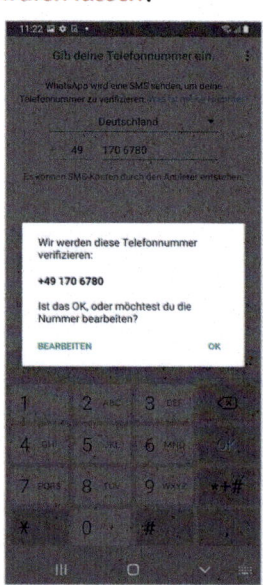

▶ Tippen Sie auf *Weiter* ❸, um die verschiedenen Berechtigungen zu erteilen. Wählen Sie jeweils *Zulassen* für den Zugriff auf Kontakte, sowie Fotos, Medien und Dateien. Wenn Sie WhatsApp mit allen Funktionen verwenden möchten, müssen Sie den Zugriff erlauben.

▶ Falls Sie WhatsApp schon auf einem anderen Smartphone verwendet und es auf Google-Drive gesichert haben, tippen Sie auf *Berechtigung gewähren*, um Ihre Chats, Bilder, Videos etc. auf das neue Smartphone zu laden. Wenn Sie WhatsApp zum ersten Mal verwenden, tippen Sie auf *Überspringen* ❹.

▶ Geben Sie dann für Ihr WhatsApp Profil einen Namen ❺ ein, der Ihren WhatsApp-Kontakten angezeigt wird, und laden Sie optional ein Profilbild ❻ hoch. Tippen Sie dann auf *Weiter*. Nun können Sie über WhatsApp Ihren Freunden schreiben.

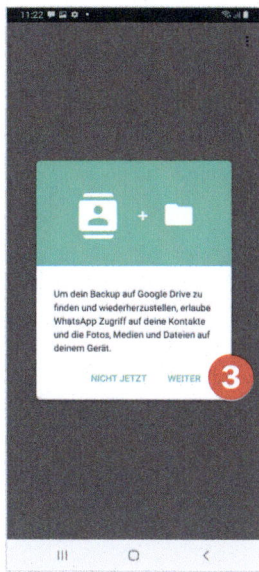

Eine Nachricht versenden

Um einen neuen Chat zu starten, öffnen Sie das Register *Chats* und tippen Sie auf das Nachrichten-Symbol ❶. Es wird eine Liste aller Kontakte angezeigt, die Sie im Adressbuch Ihres Smartphones (App Kontakte) mit Handynummer gespeichert haben und die WhatsApp verwenden.

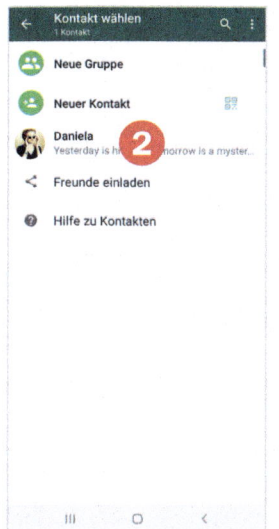
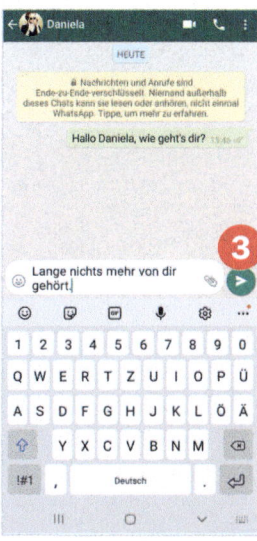

Tippen Sie den Namen der Person ❷ an, der Sie eine Nachricht schicken möchten. Es öffnet sich ein neuer Chat. Geben Sie Ihren Text ein. Versenden Sie die Nachricht durch Antippen von ➤ ❸. Wenn Sie dieser Person das nächste Mal eine Nachricht schreiben, können Sie einfach den Chat in der Übersicht auswählen.

Fotos/Videos versenden

▶ Öffnen Sie den Chat mit dem Empfänger, dem Sie Fotos oder Videos schicken wollen.

▶ Tippen Sie im Texteingabefeld auf das Büroklammer-Symbol ✎ ❶ und anschließend auf *Galerie* 🖼 ❷.

▶ Dort können Sie Fotos oder Videos auswählen, die Sie auf Ihrem Smartphone gespeichert haben. Fügen Sie, wenn gewünscht, eine Bildunterschrift hinzu ❸.

▶ Senden Sie die Dateien durch Antippen von ➤ ❹.

Sprachnachricht verschicken

Über das Mikrofon-Symbol 🎤 neben dem Texteingabefeld können Sie Sprachnachrichten erstellen und versenden.

▶ Halten Sie das Mikrofon-Symbol ❶ gedrückt und diktieren Sie den Text.

▶ Sobald Sie es loslassen, wird die Nachricht automatisch verschickt. Sie müssen also nicht auf *Senden* tippen.

▶ Um eine längere Nachricht aufzuzeichnen und nicht ständig mit dem Finger auf dem Mikrofon-Symbol bleiben zu müssen, wischen Sie es nach dem Start nach oben, sodass ein kleines Schloss-Symbol ❷ erscheint. Wenn Sie die Sprachnachricht abschicken wollen, drücken Sie auf ▶ ❸, und wenn Sie sie abbrechen wollen, tippen Sie auf *Abbrechen*.

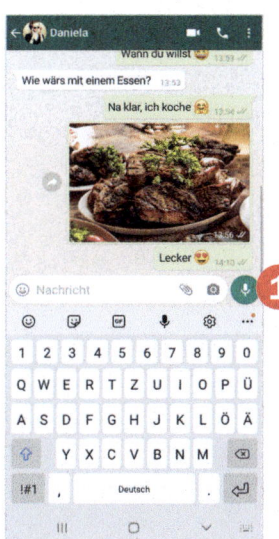 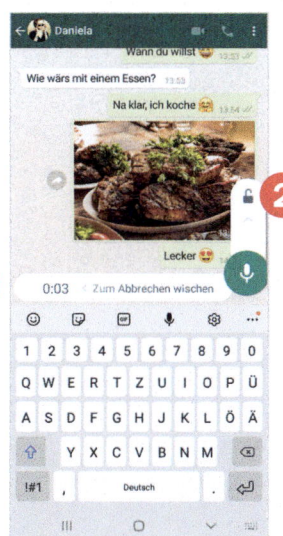 

Sprach- und Videoanrufe

▶ Öffnen Sie den Chat der Person, mit der Sie telefonieren wollen.

▶ Tippen Sie oben in der Leiste entweder auf das Hörer-Symbol 📞 für einen Sprachanruf oder auf das Kamera-Symbol ■◢ ❶ für einen Videoanruf.

▶ Bestätigen Sie anschließend mit *Sprachanruf starten* bzw. *Video starten*. Wenn nötig, erlauben Sie vor dem Videoanruf den Zugriff auf die Kamera.

7 Fotos und Videos

Smartphones machen uns das Leben leichter, und das betrifft nicht nur die Kommunikation, sondern auch das Fotografieren und Filmen. Musste man früher die Kamera mitschleppen, zückt man heutzutage sein Smartphone, das man sowieso immer bei sich trägt, und knipst einfach drauf los.

7.1 Fotos und Videos aufnehmen

Übersicht der Bedienoberfläche

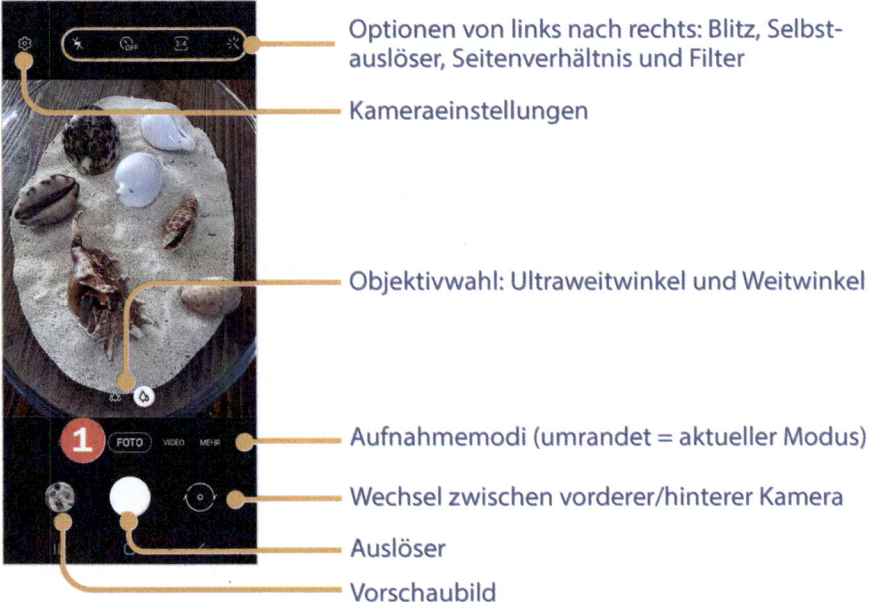

Optionen von links nach rechts: Blitz, Selbstauslöser, Seitenverhältnis und Filter

Kameraeinstellungen

Objektivwahl: Ultraweitwinkel und Weitwinkel

Aufnahmemodi (umrandet = aktueller Modus)

Wechsel zwischen vorderer/hinterer Kamera

Auslöser

Vorschaubild

Fotos knipsen

▶ Öffnen Sie die Kamera-App . Vergewissern Sie sich, dass der Aufnahmemodus *Foto* ❶ ausgewählt ist.

▶ Wählen Sie zwischen *Ultraweitwinkel* ❷ (passend für Landschaftsaufnahmen) oder *Weitwinkel* ❸ (Standard für die meisten Aufnahmesituationen) aus.

▶ **Scharfstellen:** Falls nötig, tippen Sie auf dem Bildschirm den Teil des Fotos ❹ an, auf den scharf gestellt werden soll. Die Belichtung wird dadurch an den angetippten Bereich angepasst. Gleichzeitig wird ein Schieberegler ❺ angezeigt, über den Sie die Belichtung korrigieren können.

▶ Wenn Sie zufrieden sind, drücken Sie den Auslöser – entweder am Bildschirm unten ◯ ❻ oder über die Lautstärketaste links am Handy.

▶ Nach der Aufnahme wird das Foto als Miniaturbild ❼ in der rechten unteren Ecke eingeblendet. So sehen Sie, dass die Aufnahme funktioniert hat. Sie können dann gleich ein neues Bild knipsen.

Geotagging

Nachdem Sie das erste Foto geknipst haben, müssen Sie entscheiden, ob Sie Geotagging zulassen möchten. Dadurch werden Ihrem Foto Standortinformationen hinzugefügt. Das funktioniert recht genau mit Ort, Straßenname und Hausnummer (sofern vorhanden). Wenn Sie das Foto teilen, werden diese Informationen unter Umständen in Form von GPS-Koordinaten weitergegeben.

Auf der anderen Seite ist es natürlich sehr praktisch, dass man jederzeit beim Foto nachschauen kann, wo es geknipst wurde. Wenn Sie das Geotagging verwenden möchten, tippen Sie auf *Einschalten* ❶. Dann müssen Sie noch den Zugriff auf die Standortinformationen erlauben, dazu tippen Sie auf *Zugriff nur während der Nutzung der App zulassen* **2**. Wenn Sie keine Standortinformationen speichern möchten, wählen Sie *Abbrechen* **3**.

Zum Foto in der App *Galerie* werden die Standortinformationen **4** angezeigt. Dazu wischen Sie in der Einzelbildansicht (siehe Seite 109) der App *Galerie* vertikal von unten nach oben über den Bildschirm.

Selfie aufnehmen

Um ein Bild von sich selbst zu machen, müssen Sie die Kamera wechseln. So sehen Sie sich auf dem Bildschirm und werden dabei geknipst. Die Frontkamera steuern Sie durch Antippen von

an. Um Ihr Gesicht erscheint kurz ein rechteckiger Rahmen, dadurch zeigt die Kamera an, dass sie bereit ist. Da es etwas umständlich ist, so den Auslöser zu drücken, steht speziell für Selfies eine weitere Auslösetechnik zur Verfügung: Halten Sie einfach Ihre Handfläche in die Kamera, dadurch erscheint ein Timer **1** und ein paar Sekunden später wird das Foto geknipst.

Wenn ein Gruppenselfie erstellt wird oder Sie noch etwas mehr Umgebung abbilden möchten, tippen Sie vor dem Auslösen auf 🫂.

Auswahl des Seitenverhältnisses

Die Kamera-App stellt verschiedene Seitenverhältnisse zur Verfügung. Sie finden sie oben in der Befehlsleiste. Standardmäßig ist das Format 3:4 **1** ausgewählt. Oft gelingen schönere Bilder im Querformat. Wenn Sie das Smartphone drehen, wechselt die Anzeige automatisch zum Format 4:3 **2**.

▶ Tippen Sie das Symbol für Seitenverhältnis an, um die weiteren Optionen anzuzeigen. Hier können Sie ein anderes Bildformat wählen.

4:3 oder 16:9 3: Das Bild oben wurde im Format 4:3 geknipst, das Foto darunter im Format 16:9. Sie sehen, dass im Format 4:3 der größere Bildausschnitt aufgenommen werden kann (das rote Rechteck zeigt den Ausschnitt 16:9). Das ist durchaus ein Vorteil dieses Formats. 16:9 ist das Seitenverhältnis von Monitoren und Fernsehern. Wenn Sie also Ihre Bilder am Fernseher oder Laptop vorführen möchten, dann sind Aufnahmen im Querformat und einem Seitenverhältnis von 16:9 am schönsten anzusehen, da sie den gesamten Bildschirm einnehmen.

4:3 mit 48 MP ❹: Hier wird das Foto mit der vollen zur Verfügung stehenden Anzahl an Megapixeln aufgenommen. Da sich dadurch die Dateigröße im Vergleich zur Auswahl von *4:3* ❺ mehr als verdoppelt, ist diese Option nicht als Dauerauswahl anzuraten. Sonst wäre der interne Speicher Ihres Smartphones schnell voll. Die Optionen 4:3 oder 16:9 besitzen ausreichend Megapixel, um für alle gängigen Fotoabzugsformate eine sehr gute Druckqualität zu bieten. Für die Betrachtung am Monitor oder Fernseher sind sie selbstverständlich auch ausreichend. Wenn Sie allerdings ein Familienfoto in Postergröße drucken möchten, dann sollten Sie zu *4:3 mit 48 MP* wechseln.

1:1 und Full ❻: Mit der Auswahl *1:1* knipsen Sie quadratische Bilder und mit *Full* wird das Seitenverhältnis des Handy-Bildschirms verwendet. Wenn Sie ein Hintergrundbild für den Startbildschirm Ihres Smartphones fotografieren möchten, ist die Auswahl von *Full* von Vorteil.

> Wir empfehlen für den täglichen Gebrauch das Format 4:3. Falls gewünscht, können Sie das Bild immer noch nachträglich zuschneiden. Für besondere Fotos wechseln Sie einfach das Seitenverhältnis. Vergessen Sie nicht, danach wieder das Ursprungsformat auszuwählen.

Blitz einschalten

Selbstverständlich ver- fügt Ihr Smartphone auch über einen Blitz. Sie können zwischen *Aus*, *Automatisch* und *Ein* (in diesem Fall wird der Blitz auf jeden Fall ausgelöst) wechseln. Tippen Sie zunächst auf das Blitz-Symbol ❶ und wählen Sie dann die passende Option ❷ aus.

Video aufnehmen

Wenn Sie ein Video aufnehmen wollen, wählen Sie zunächst *Video* ❶ und tippen dann auf den Auslöser ❷, der jetzt zur Unterscheidung einen roten Punkt hat. Im oberen Bereich wird die Aufnahmezeit eingeblendet. Beenden Sie das Video durch Antippen von ◼ ❸. Sie können mit ⏸ ein Video pausieren und mit ● ❹ wieder fortsetzen.

Schnellstart der App Kamera

Schnell, schnell, der Augenblick ist gleich vorbei! Mit diesen zwei Kniffen aktivieren Sie fix die Kamera-App:

▸ Ziehen Sie das Kamera-Symbol rechts unten auf dem Sperrbildschirm aus dem Kreis nach oben.

▸ Drücken Sie die Funktionstaste zweimal hintereinander.

Sie nutzen dann die Kamera App, ohne das Smartphone entsperrt zu haben. Deshalb müssen Sie das nach der Aufnahme erledigen. Auch in der App stehen, wenn Sie diese so aufrufen, nicht alle Funktionen zur Verfügung.

Interessante Aufnahmemodi

Es gibt noch weitere Aufnahmemodi, die Ihnen tolle Fotos bescheren. Wir zeigen Ihnen kurz, wo Sie die Aufnahmemodi finden und welchen Zweck sie erfüllen.

Live-Fokus ❶ bietet Ihnen die Möglichkeit, auf ein Objekt scharf zu stellen und den Hintergrund nur verschwommen anzuzeigen. Diese Funktion wird häufig bei Porträtaufnahmen genutzt.

Die Modi *Essen*, *Panorama* und *Makro* finden Sie unter *Mehr* ❷. Mit *Panorama* nehmen Sie 360 Grad Ihrer Umgebung als Foto auf. *Makro* ermöglicht Ihnen ein Objekt sehr nah (3-5 Zentimeter) zu fotografieren. Mit *Essen* kann man schnell mal das leckere Frühstück für Freunde ablichten. Mit dem Finger verschieben Sie den Fokus und bestimmen einen Ausschnitt auf den scharf gestellt ❸ wird.

Der Modus *Pro* ist eher etwas für Fortgeschrittene - Parameter wie ISO-Wert, Blende, Fokus und Weißabgleich etc. müssen manuell eingestellt werden.

 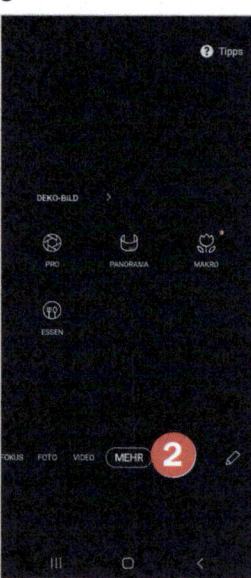 

Wozu QR-Codes?

Mittels QR-Codes werden Ihnen Informationen zur Verfügung gestellt. Dabei kann es sich um eine Adresse oder Telefonnummer handeln, die sich hinter dem Code verbirgt. Oft dienen Codes der Weiterleitung zu einer Internetseite, beispielsweise als Teil eines Gewinnspiels oder zur Anzeige von weiteren Informationen. Bei vielen Geräten kann der QR-Code mit der  Kamera des Smartphones gescannt werden. Öffnen Sie die App Kamera und nehmen Sie den QR-Code ins Visier. Dieser wird automatisch gescannt. Wenn das geschehen ist, wird darunter angezeigt, auf was der Code verweist, in diesem Beispiel auf die Webseite Bildner TV. Wenn Sie die Seite anzeigen möchten, tippen Sie auf das Feld. Unter Umständen wird abgefragt, mit welchem Browser Sie die Seite anzeigen möchten (dazu lesen Sie mehr auf Seite 77).

Für das Galaxy A12 steht diese Funktion nicht zur Verfügung. Vielleicht wird das Scannen des QR-Codes via Kamera durch ein Update später noch möglich sein. Falls Sie jetzt einen QR-Code scannen möchten, müssen Sie entweder eine passende App aus dem Play Store herunterladen oder den Samsung Internet Browser zum Scannen von QR-Codes einrichten: Dazu öffnen Sie die App *Samsung Internet* ◉ und tippen unten rechts auf das Menü ☰ ❶ und wählen *Einstellungen* aus. Dann tippen Sie auf *Nützliche Funktionen* und ziehen den Regler bei QR-Code-Scanner ❷ auf die Position *Ein*.

Zum Scannen eines QR-Codes öffnen Sie *Samsung Internet* ◉ und tippen oben auf die Adressleiste. Dadurch erscheint rechts das Symbol 🔳 ❸ zum Scannen. Wählen Sie dieses aus und erfassen Sie den Code. Die Seite wird direkt im Browser angezeigt.

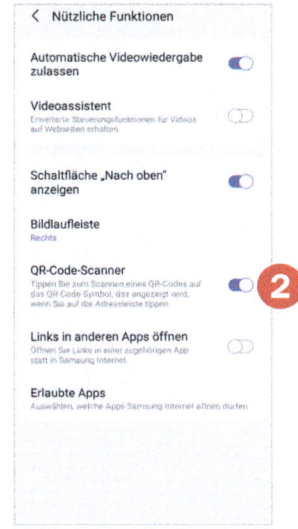

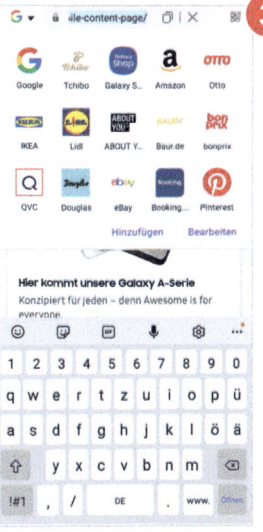

7.2 Die Galerie-App

Es gibt unzählige Apps, mit denen Sie Ihre Bilder und Videos betrachten und bearbeiten können. In diesem Buch bleiben wir bei der Standard-App *Galerie* ❋.

Übersicht der Bedienoberfläche

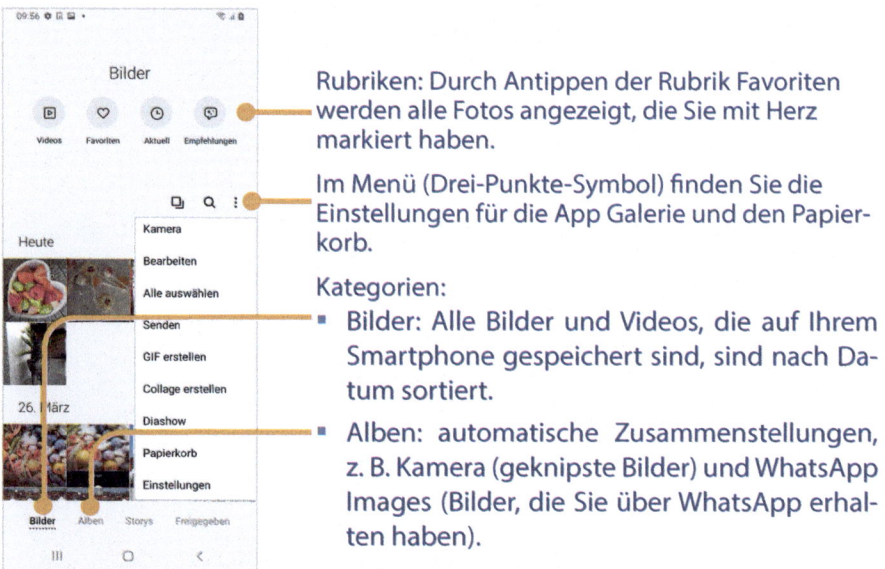

Rubriken: Durch Antippen der Rubrik Favoriten werden alle Fotos angezeigt, die Sie mit Herz markiert haben.

Im Menü (Drei-Punkte-Symbol) finden Sie die Einstellungen für die App Galerie und den Papierkorb.

Kategorien:

- Bilder: Alle Bilder und Videos, die auf Ihrem Smartphone gespeichert sind, sind nach Datum sortiert.
- Alben: automatische Zusammenstellungen, z. B. Kamera (geknipste Bilder) und WhatsApp Images (Bilder, die Sie über WhatsApp erhalten haben).

> Ändern Sie die Größe der Vorschaubilder, indem Sie ein Bild mit zwei Fingern auseinander- bzw. zusammenziehen.

Die Kategorien Bilder, Alben und Storys

Wenn Sie die Galerie-App öffnen, befinden Sie sich in der Kategorie *Bilder* ❶, die alle Bilder und Videos, die Sie gemacht oder bekommen haben, enthält. Sie sind nach Datum sortiert. Wischen Sie einfach von oben nach unten, um die Bilder in der Vorschauansicht anzuzeigen. Tippen Sie auf ein einzelnes Bild, um es genauer zu betrachten und, wenn Sie es wünschen, zu bearbeiten etc.; mehr dazu auf Seite 113.

Wenn Sie in der unteren Leiste auf den Bereich *Alben* ❷ tippen, werden Ihnen, wenn Sie schon genug Foto- und Videomaterial auf dem Smartphone haben, mehrere Alben angezeigt. In unserem Beispiel sehen Sie die Alben *Kamera*, *Screenshots*, *Download* und *WhatsApp Images*.

Das heißt, alle Bilder und Videos, die auf Ihrem Smartphone sind, werden nach deren Herkunft sortiert. Das ist praktisch, da so ein Ordnungssystem vorhanden ist und Sie nicht lange suchen müssen, wenn Sie wissen, über welchen Weg die gesuchten Bilder auf Ihr Smartphone gelangt sind. Bilder und Videos, die Sie mit Ihrem Smartphone aufgenommen haben, befinden sich immer im Album *Kamera*, und die, die Sie über WhatsApp erhalten haben, sind immer im Album *WhatsApp Images*.

Auch sehr interessant ist der Bereich *Storys* ❸. Die App stellt mit der Zeit und mit genügend Fotomaterial automatisch Storys zusammen. Dabei werden Gesichter, Uhrzeiten und Standorte von Bildern berücksichtigt. Diese Einstellung ist unter ⋮ ▶ *Einstellungen* ▶ *Storys automatisch erstellen* aktiviert. Sie können Storys auch selbst erstellen. Die Beschreibung dessen würde allerdings den Rahmen dieses Buchs sprengen.

Bilder in der Einzelansicht anzeigen

In der Galerie-App können Sie Fotos nicht nur anzeigen und betrachten, sondern es stehen Ihnen in der Einzelansicht viele weitere Optionen zur Verfügung.

▶ Öffnen Sie die Galerie ✳ und wählen Sie ein Bild durch Antippen aus.

▶ Hier können Sie folgende Funktionen verwenden:

- Bild zu Favoriten hinzufügen ♥
- Bild bearbeiten ✐
- Bild teilen ⦾
- Bild löschen 🗑

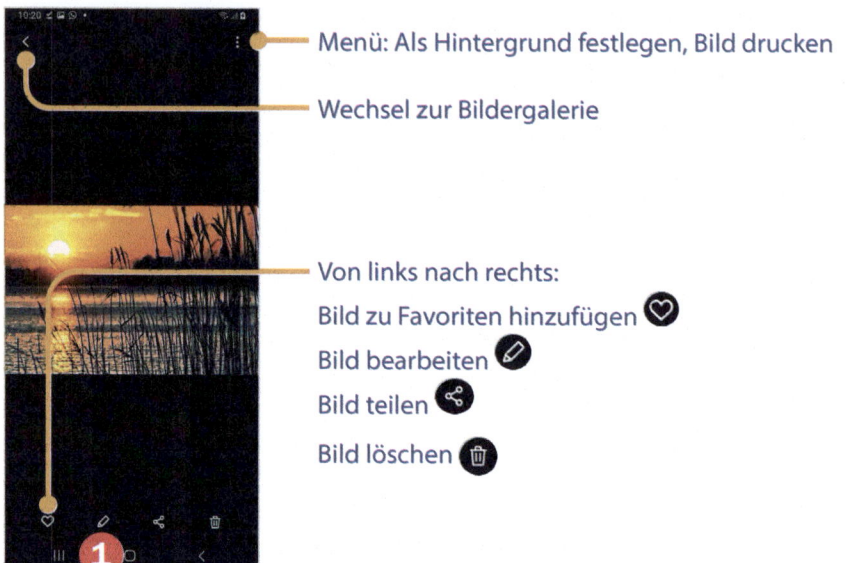

Menü: Als Hintergrund festlegen, Bild drucken

Wechsel zur Bildergalerie

Von links nach rechts:

Bild zu Favoriten hinzufügen ♡

Bild bearbeiten ✐

Bild teilen ⌁

Bild löschen 🗑

Bilder bearbeiten

Kleine Veränderung, große Wirkung: Die App Galerie bietet grundlegende Bildbearbeitungsfunktion. Verändern Sie den Zuschnitt Ihres Bildes oder versehen Sie es mit einem Filter.

▶ Wählen Sie ein Bild aus und tippen Sie auf das Stift-Symbol ✐ ❶ (Abbildung oben) in der unteren Leiste.

Filter anwenden

Mit Filtern können Sie ein Foto schnell verändern: Sie können die Farben kühler oder wärmer erscheinen lassen oder ein Schwarz-Weiß-Bild erstellen. Tippen Sie auf *Filter* ⊚ ❷ und wischen Sie einfach unten mit einer horizontalen Fingerbewegung durch die Filter. Durch Antippen wählen Sie einen Filter aus. Mit dem weißen Regler ❸ bestimmen Sie die Intensität des Filters. Wenn Sie mit dem Ergebnis zufrieden sind, speichern Sie das Bild. Dazu gleich mehr.

Bild zuschneiden, drehen und mehr

Beim Öffnen der Bearbeitungstools ist standardmäßig die Funktion *Umwandel* ⊡ ❹ ausgewählt, falls nicht, tippen Sie auf ⊡.

▶ Über die weißen Anfasser ❺ an den Ecken des Bildes können Sie nun das Foto beschneiden und in diesem Bereich verschieben.

Weitere Bearbeitungsoptionen stehen unter dem Bild ❻ zur Verfügung:

- Über ⟳ können Sie das Bild jeweils um 90° drehen.
- Wenn Sie auf ⟨I⟩ tippen, wird das Bild horizontal gespiegelt.
- Das Format des Bildes ändern Sie über Ⓕᵣₑₑ.
- Über ⬚ können Sie perspektivische Verzerrungen, beispielsweise bei Fotos von Gebäuden, korrigieren. Wenn Sie die Änderung übernehmen möchten, tippen Sie auf das Häkchen ❼ rechts unten.

Änderungen übernehmen oder verwerfen

Um die Änderungen, die Sie am Foto vorgenommen haben zu behalten, tippen Sie rechts oben auf *Speichern* ❽. Wenn sie Ihnen nicht zusagen, tippen Sie einfach auf *Zurücksetzen* ❾. Bei Auswahl von *Speichern* werden Ihre Berichtigungen in einer neuen Datei gespeichert. Das Originalbild bleibt erhalten; mit einer Ausnahme: Wenn Sie das Bild drehen, wird die Originaldatei überschrieben.

Wenn Sie die Datei versenden, wird diese automatisch mit allen Änderungen versandt.

Videos in der Einzelansicht

In der Galerie-App kann man natürlich nicht nur Bilder anzeigen und betrachten, sondern auch Videos. Wie das geht, erfahren Sie im folgenden Abschnitt.

▶ Um ein Video wiederzugeben, öffnen Sie die Galerie-App ✳.

▶ Wählen Sie ein Video aus.

▶ Hier können Sie - wie bei einem Bild - die Funktionen *Bild zu Favoriten hinzufügen* ♡, *Bild bearbeiten* ✐, *Bild teilen* ◉ und *Bild löschen* 🗑 verwenden.

▶ Das Video wird zunächst ohne Ton abgespielt. Um den Ton einzuschalten, tippen Sie auf 🔇.

▶ Wenn Sie auf *Video wiedergeben* tippen, stehen Ihnen weitere Funktionen zur Verfügung (siehe nächstes Bild). Ein kurzes Berühren des Bildschirms ist notwendig, um diese Funktionen einzublenden.

Bilder und Videos löschen

Meist belegen Fotos und Videos den größten Teil des Speicherplatzes. Löschen Sie deshalb Bilder und Videos, die misslungen sind oder die Sie nicht mehr benötigen. Öffnen Sie die Galerie-App ✱.

▶ Wählen Sie ein Bild oder ein Video durch Antippen aus. Dieses wird in der Einzelansicht angezeigt. Tippen Sie unten auf 🗑 ❶.

▶ Sie können auch gleich mehrere Objekte löschen, indem Sie ein Bild oder Video in der Übersicht etwas länger mit dem Finger gedrückt halten. Anschließend tippen Sie das nächste Foto/ Video an. Alle ausgewählten Elemente werden mit einem Häkchen versehen. Tippen Sie dann unten auf *Löschen* ❷ und bestätigen Sie mit *In den Papierkorb*.

Bilder und Videos, die Sie gelöscht haben, landen im Papierkorb.

▶ Um den Ordner zu öffnen, tippen Sie in der Galerie-Übersicht auf ⋮ ❶ und anschließend auf *Papierkorb* ❷.

▶ **Wiederherstellen:** Wenn Sie ein Foto aus Versehen gelöscht haben, tippen Sie auf *Bearbeiten* ❸, wählen das Bild durch Antippen aus und tippen dann unten links auf *Wiederherstellen*.

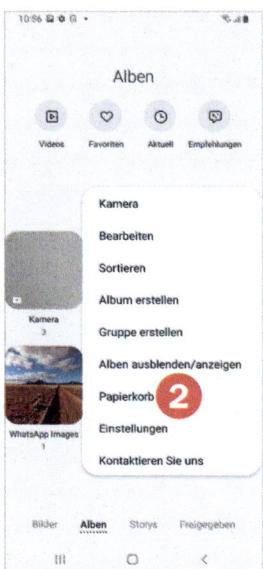

▶ **Papierkorb leeren:** Entfernen Sie alle Elemente, indem Sie oben rechts auf *Leeren* ❹ tippen. Bestätigen Sie mit *Papierkorb leeren*. Wenn Sie diese Option nicht in Anspruch nehmen, kein Problem, Objekte, die im Papierkorb landen, werden automatisch nach 30 Tagen gelöscht.

Bilder auf den PC übertragen

1 Verbinden Sie das Smartphone mit dem mitgelieferten Kabel über den USB-Port mit Ihrem PC oder Laptop ❶. Wir setzen hier voraus, dass Sie mit einem Windows10-Gerät arbeiten. Entsperren Sie Ihr Smartphone.

2 Auf dem PC erscheint unten rechts eine Meldung zur *Automatischen Wiedergabe* ❷. Klicken Sie darauf, um auszuwählen, was passieren soll, wenn Sie das Smartphone verbinden.

3 Wählen Sie *Fotos und Videos importieren* ❸. Damit werden Fotos und Videos in den Ordner *Bilder* auf Ihrem Computer übertragen.

4 Sie müssen am Smartphone den Zugriff erlauben. Tippen Sie auf *Zulassen* ❹.

5 Nun haben Sie die Möglichkeit, am Computer entweder *Alle Elemente* ❺ zu importieren oder die gewünschten Bilder mit der Maus anzuklicken, sodass Sie einen Haken erhalten.

6 Klicken Sie dann auf *...importieren* ❻.

Wenn Sie das Smartphone das nächste Mal mit dem PC verbinden, wird sofort das Importfenster angezeigt. Auch jetzt muss das Smartphone wieder entsperrt sein. Sie müssen aber nicht mehr den Zugriff erlauben. Beim nächsten Import von Fotos möchten Sie ja sicher nicht wieder alle Bilder übertragen. Wählen Sie deshalb die Bilder entweder durch Anklicken aus oder entscheiden Sie sich für die Option *Elemente seit dem letzten Import* ❼.

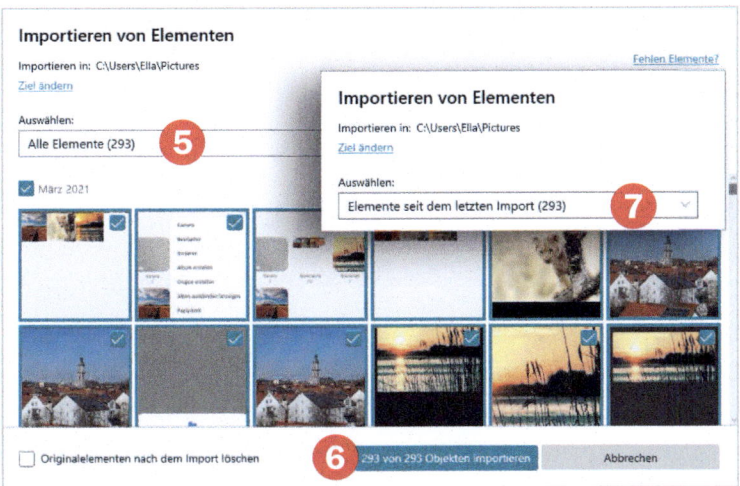

Profitipp: Wenn Sie das Smartphone verbunden haben, können Sie auch mittels Datei-Explorer gleich auf den Speicher des Handys zugreifen und Ihre Bilder kopieren. Wenn Ihnen der Import nicht geheuer ist, wählen Sie einfach bei der automatischen Wiedergabe *Gerät zum Anzeigen der Dateien öffnen* aus. Das Smartphone kann im Datei-Explorer ausgewählt werden und durch Anklicken von *Phone* ▶ *DCIM* ▶ *Camera* werden Ihre Fotos angezeigt.

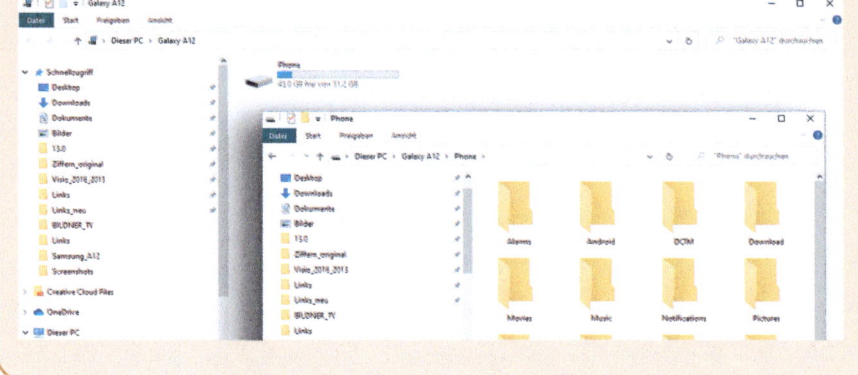

8 Merken und erinnern

Wenn das Smartphone zum ständigen Begleiter wird, ist es das ideale Medium zum Speichern kurzer Notizen oder Einkaufslisten. Daneben vervollständigen die App Kalender mit der Speicherung von Terminen und die App Uhr die Möglichkeiten.

8.1 Termine im Griff mit der Kalender-App

Tragen Sie Ihre Termine in die App ein und Sie werden keinen mehr verpassen.

▶ Öffnen Sie die *Kalender*-App 25. Schon auf dem App-Symbol sehen Sie den aktuellen Tag. Auf dem Tabellenblatt ist dieser hervorgehoben. Durch horizontales Wischen können Sie durch die verschiedenen Monate blättern. Zur Anzeige des aktuellen Datums kehren Sie wieder über das kleine Kalenderblatt rechts oben ❶ zurück.

▶ Durch Antippen eines Tags mit einem Eintrag wird der Termin oder Feiertag gesondert in der Tagesansicht angezeigt ❷.

▶ Wischen Sie vertikal von unten nach oben, um eine verkleinerte Version des Kalenderblatts zu erhalten. Unten erscheinen die Einträge ❸ der angetippten Tage.

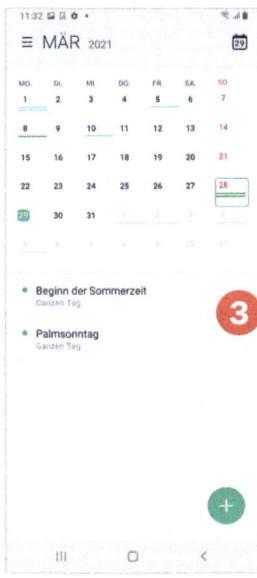

Termin eintragen

▶ Markieren Sie auf dem Kalenderblatt durch Antippen den Tag ❶ des Termins. Dadurch ersparen Sie sich die händische Eingabe.

▶ Tippen Sie auf ⊕ und geben Sie bei *Titel* eine Bezeichnung für den Termin ein.

▶ Kontrollieren Sie nochmals das Datum und tippen Sie dann auf *Beginn* ❷. Tippen Sie nochmals auf die Zeile ❸. Dadurch wird die Zahlentastatur angezeigt und die Uhrzeit kann eingegeben werden. Tippen Sie auf der Tastatur auf *OK*. In der Regel können Sie auf die Eingabe des Terminendes verzichten.

▶ Standardmäßig werden Sie zehn Minuten vor Beginn des Termins erinnert. Manchmal ist eine frühere Erinnerung wichtig. Tippen Sie dann auf *10 Minuten vorher* ❹.

▶ Manchmal ist es praktisch, eine zweite Erinnerung, z. B. einen Tag vorher, zu erhalten. Tippen Sie in diesem Fall auf das + ❺.

▶ Ebenso können Sie einen Ort ❻ oder weitere Notizen ❼ hinterlegen, was aber in der Regel gar nicht notwendig ist.

▶ Bestätigen Sie mit *Speichern*.

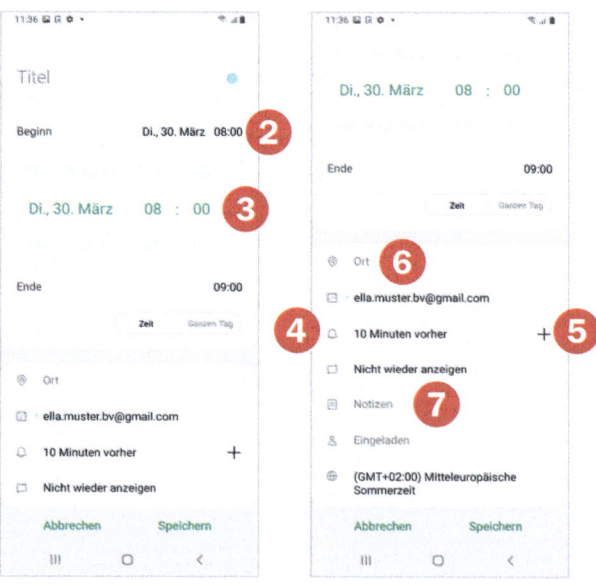

Terminerinnerung

Die Erinnerung an Ihren Termin erscheint am oberen Bildschirmrand. Egal welche App Sie gerade geöffnet haben, die Meldung erscheint darüber. Mit *Verwerfen*  löschen Sie die Erinnerung, mit *Schlummern* werden Sie in fünf Minuten nochmals erinnert.

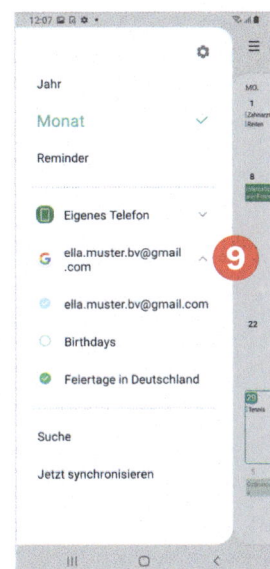
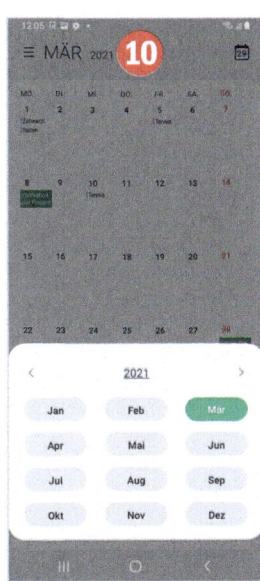

Tipp Geburtstage

Geburtstage tragen Sie in den Kalender nicht als Termin ein, da diese ja jedes Jahr stattfinden und Sie so viel zu tun hätten. Geburtstage hinterlegen Sie in der App Kontakte bei der jeweiligen Person. Diese werden dann mit dem Kalender synchronisiert, dort angezeigt und Sie erhalten auch eine Benachrichtigung. Sollten keine Geburtstage im Kalender angezeigt werden, überprüfen Sie die Optionen. Tippen Sie im Kalender auf ☰ und erweitern Sie ggf. über den Erweiterungspfeil ⌄ die Informationen zum Google-Konto ❾. Aktivieren Sie die Anzeige der Geburtstage durch Antippen von *Geburtstage* (*Birthdays*).

Datumsnavigator

Tippen Sie oben links neben dem Menüsymbol auf den Monat ❿. Dann wird unten ein Navigator angezeigt, mit dem Sie leicht größere Zeiträume überspringen können und nicht durch zahlreiches Wischen erst den gewünschten Monat erreichen.

Termine bearbeiten oder löschen

Natürlich können Sie Termine bearbeiten, wenn sich beispielsweise die Zeit verändert hat oder der Termin verschoben werden muss.

▶ Tippen Sie einmal auf den Termin auf dem Kalenderblatt und dann nochmals in der Tagesübersicht. Dann befinden Sie sich wieder in der Bearbeitungsansicht ❶.

▶ **Termin verschieben:** Tippen Sie bei Beginn auf das Datum ❷ und dann nochmals auf das Datum ❸. Ein Kalenderblatt wird angezeigt, auf dem Sie durch Antippen ein neues Datum auswählen ❹.

▶ Bestätigen Sie mit *Speichern* ❺.

Manchmal fällt ein Termin ins Wasser – löschen Sie ihn einfach!

▶ Zeigen Sie den Termin in der Bearbeitungsansicht an und tippen Sie unten rechts auf *Löschen* ❻. Bestätigen Sie nochmals mit *Löschen*.

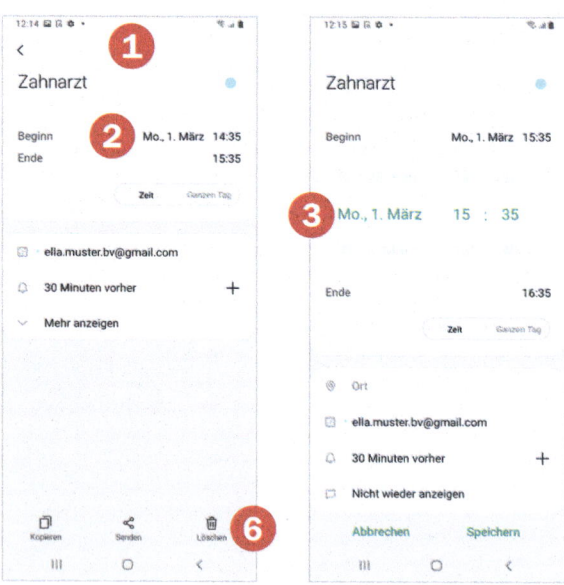
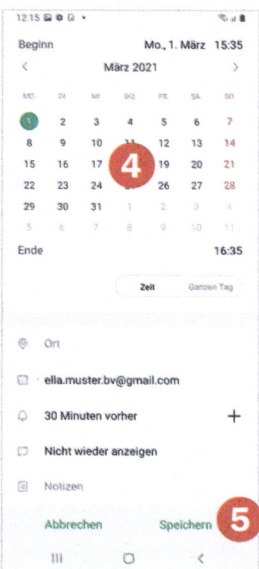

8.2 Die App Uhr

Vom Smartphone geweckt werden

▶ Öffnen Sie die App *Uhr*. Sie finden diese auf dem App-Bild-schirm. Streichen Sie mit dem Finger auf dem Startbildschirm nach oben, um den App-Bildschirm anzuzeigen. Dann tippen Sie die App an. Nach dem Öffnen wird der Bereich *Alarm* ❶ angezeigt. Weitere Funktionen fin-den Sie in den Bereichen *Weltuhr*, *Stoppuhr* und *Timer*.

Wecker stellen

In der App ist bereits eine Weckzeit voreingestellt. Mit diesen Vorgaben klin-gelt der Wecker Montag bis Freitag um 6 Uhr morgens, sobald die Weckzeit aktiviert ist.

▶ **Wecker ein- und ausschalten:** Sie aktivieren einen Wecker, indem Sie den Regler nach rechts auf die Position *Ein* ❷ ziehen. Sie sehen dann oben, nach wie vielen Stunden der Wecker klingelt. Durch Ziehen nach links schalten Sie den Wecker aus ❸.

▶ **Wecker bearbeiten:** Tippen Sie den voreingestellten Wecker ❹ an, um ihn zu bearbeiten.

▶ **Neuen Weckeintrag erstellen:** Tippen Sie auf das + Symbol ❺.

▶ **Weckzeit vereinbaren:** Verschieben Sie die Rädchen der Stunde ➏ und der Minuten, indem Sie mit dem Finger nach oben und unten wischen.

▶ **Tage auswählen:** Sie können nicht nur die Weckzeit festlegen, sondern auch die Tage ➐, an denen der Wecker ertönen soll. Blau bedeutet, die Tage sind ausgewählt. Falls Sie einen Tag versehentlich ausgewählt haben, tippen Sie erneut auf diesen.

> Wenn Sie keinen Tag auswählen ➑, klingelt der Wecker zum eingestellten Zeitpunkt und ist dann ausgeschaltet. Bei der Auswahl von Tagen bleibt der Wecker aktiv, um Sie am nächsten Tag, der ausgewählt wurde, erneut zu wecken.

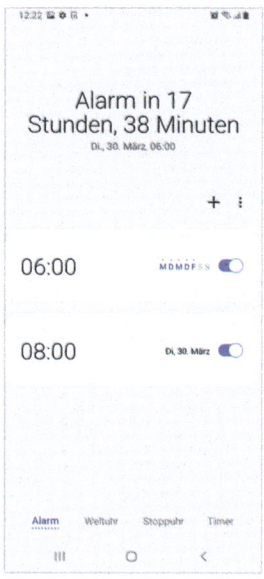

▶ Im unteren Bereich können Sie die Schlummer-Funktion (*Erinnern*) einstellen, also wann der Wecker erneut klingeln soll und wie oft.

▶ Tippen Sie abschließend auf *Speichern* ➒.

Schlummern oder aufstehen?

Wenn der Wecker klingelt, tippen Sie auf *Verwerfen* ➓ und ziehen das Feld leicht nach oben, dann ist Ruhe! Oder Sie wählen *5 min schlummern* und der Wecker klingelt nach fünf Minuten erneut. Mit + und - können Sie die Schlummerzeit verlängern bzw. verkürzen.

> Sie erkennen am Uhrensymbol in der Statusleiste, dass ein Wecker an Ihrem Smartphone eingeschaltet ist.
>
> Telekom.de   📷 🛜 .ıl 🔋

Weckton einstellen

Jeder hat andere Vorlieben, vor allem wenn man geweckt wird. Manche mögen es ruhig, andere auf die harte Tour. Sie können also nach Belieben einen Weckton einstellen. Sie müssen das nur einmal für eine Weckzeit festlegen, für die weiteren wird das dann übernommen.

▶ Tippen Sie auf *Alarmton* ⑪ (Abbildung vorige Seite). Wenn Sie diesen Bereich zum ersten Mal aufrufen, müssen Sie den Zugriff der App Uhr auf Fotos, Medien und Dateien erlauben. Tippen Sie auf *Zulassen* ⑫ . Dann wählen Sie die Option *Klingelton* aus. Sie sehen eine Liste mit zahlreichen Tönen. Wählen Sie einen Weckton ⑬ aus. Der Weckton ist damit automatisch gespeichert. Betätigen Sie einfach die Zurück-Taste ‹ ⑭ .

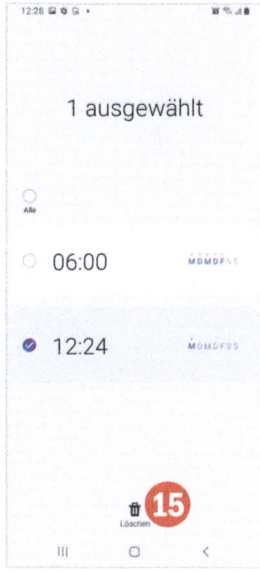

Wecker löschen

Um einen Wecker zu löschen, tippen Sie diesen in der Übersicht etwas länger mit dem Finger an. Dadurch erscheint unten *Löschen* 🗑 **15** (Abbildung vorige Seite).

Das Smartphone als Eieruhr

Das Vier-Minuten-Ei rechtzeitig aus dem Topf holen oder die Backzeit für den Kuchen einstellen - auch das bietet die App Uhr.

▶ Wählen Sie den Bereich *Timer* **❶**.

▶ Stellen Sie durch Ziehen mit dem Finger die Zeit ein, nach deren Ablauf das Smartphone klingeln soll, und tippen Sie dann auf *Starten* **❷**.

▶ Während der Timer nach unten zählt, können Sie jederzeit pausieren **❸** oder abbrechen.

▶ Nach Ablauf ertönt ein Signal. Um dieses auszuschalten, tippen Sie auf *Verwerfen* **❹**.

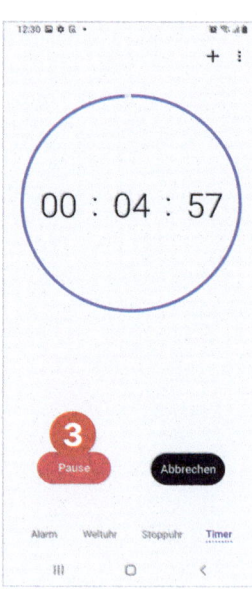

8.3 Einkaufslisten und andere Notizen

Es gibt eine Vielzahl toller Apps, mit denen Sie Notizen erstellen, aufwendig bearbeiten, mit anderen Personen teilen und sowohl am Smartphone als auch am Laptop betrachten können. Wer hier tiefer einsteigen möchte, dem sei Microsoft OneNote empfohlen.

Für den Einstieg und das bloße Anlegen von einfachen Listen verwenden wir Samsung Notes. Diese App konnten Sie bereits während der Einrichtung Ihres Smartphones installieren.

Notiz erstellen

▶ Öffnen Sie die App Samsung Notes und tippen Sie auf ⊕, um eine neue Notiz zu erstellen.

▶ Geben Sie Ihren Notizentext über die Tastatur ❶ ein oder tippen Sie auf das Mikrofon und diktieren Sie ihn. Zu einer neuen Liste können Sie durch Antippen von *Titel* ❷ noch eine Überschrift hinzufügen.

▶ Tippen Sie dann auf *Speichern* ❸ und zeigen Sie mit der Zurück-Taste die Übersicht an. Die Einträge sind nach dem Änderungsdatum sortiert.

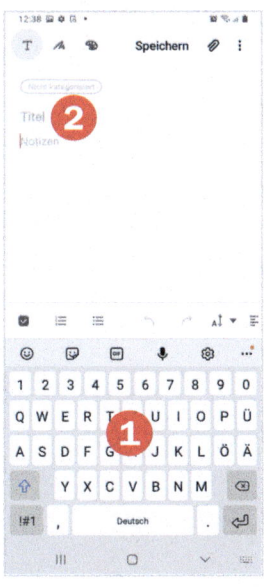

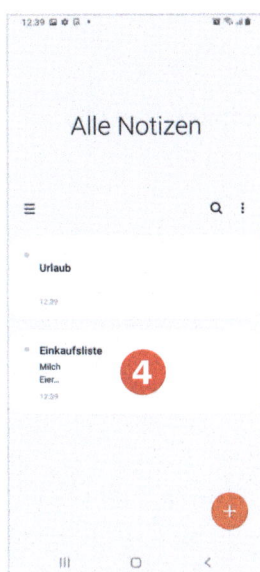

Notiz betrachten und bearbeiten

▶ **Inhalt einer Notiz betrachten:** Tippen Sie die Notiz in der Übersicht ④ (Bild vorige Seite) an. Der Inhalt der Notiz wird angezeigt.

▶ **Notiz bearbeiten:** Zur Ergänzung einer bestehenden Notiz zeigen Sie deren Inhalt an und tippen dann auf das Stift-Symbol ⑤.

▶ Um eine Liste weiterzuführen, tippen Sie hinter das letzte Wort. Um in einer neuen Zeile zu beginnen, wählen Sie ⏎ auf der Tastatur.

▶ Auch Ihre Änderungen müssen wieder gespeichert ⑥ werden.

Notiz löschen

Tippen Sie in der Übersicht länger mit dem Finger auf die zu löschende Notiz. Diese wird dadurch markiert und Sie können unten *Löschen* ⑦ auswählen.

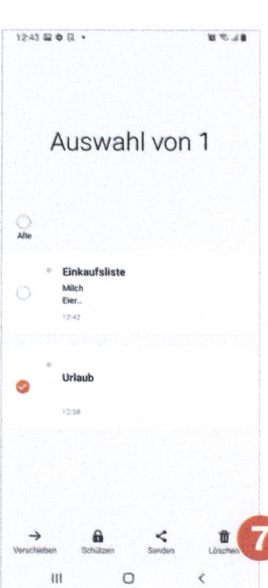

Notiz zu einem Foto erstellen

▶ Zeigen Sie das Foto in der Einzelbildansicht der App *Galerie* an.

▶ Tippen Sie auf das Teilen-Symbol ①. Falls es nicht angezeigt wird, tippen Sie auf das Foto.

▶ Wählen Sie *Notiz erstellen* ❷ aus. Das Foto wird in die App Samsung Notes eingefügt und Sie können einen Titel und weiteren Text hinzufügen.

▶ Zum Abschluss speichern ❸ Sie die neue Notiz.

 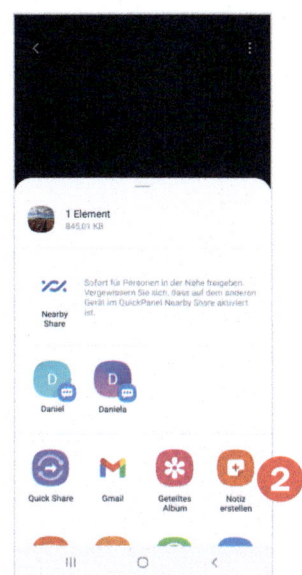 

Screenshot erstellen

Ein Screenshot ist ein Foto von Ihrem Bildschirm. Diese Funktion ist praktisch, wenn Sie eine Frage zu einer App haben oder eine Meldung nicht verstehen. Dann machen Sie einfach einen Screenshot. Diesen können Sie, wie ein Foto, an jemanden in Ihrem Familien- oder Bekanntenkreis senden, der vielleicht eine Antwort weiß.

Das nächste nützliche Einsatzgebiet ist, wenn Sie Informationen behalten wollen, die Sie beispielsweise im Netz gefunden haben, etwa ein Rezept. Machen Sie einfach einen Screenshot. Natürlich stellt auch der Browser eine Merkfunktion zur Verfügung, aber der Screenshot ist so einfach und schnell!

▶ Um einen Screenshot von Ihrem Bildschirminhalt (im Beispiel ein Rezept auf einer Webseite) zu erstellen, tippen Sie gleichzeitig und kurz auf die Lautstärke-leiser-Taste und die Funktionstaste.

▶ Sie sehen, dass es funktioniert hat, wenn auf dem Bildschirm die Bearbeitungsleiste ❶ erscheint.

▶ Wenn Sie den ersten Screenshot erstellt haben, wird in der App Galerie im Bereich *Alben* ❷ ein neues Album erstellt mit dem Namen *Screenshots* ❸.

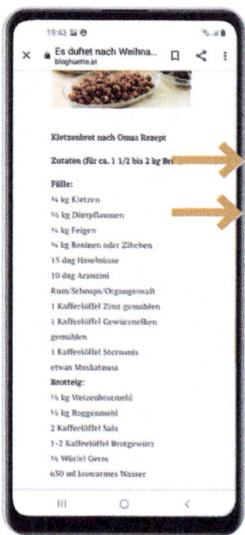
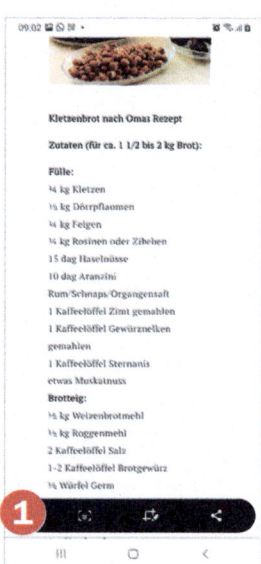

Webseitenadresse wird mit dem Screenshot gespeichert

Wenn Sie von einer Internetseite einen Screenshot erstellt haben, dann wird die Adresse der Seite mit dem Screenshot gespeichert und kann so jederzeit wieder angezeigt werden. Zeigen Sie dazu den Screenshot in der Galerie im Album Screenshots an und tippen Sie ggf. einmal auf den Screenshot, um die Bearbeitungsleiste unten einzublenden. Hier finden Sie auch die Schaltfläche *Zur Webseite*. Tippen Sie darauf, um die Internetseite des Rezepts im Browser anzuzeigen.

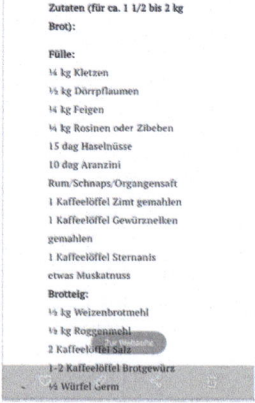

9 Gesucht & Gefunden

Das Internet hält eine Vielzahl an nützlichen Informationen, lustigen Videos, Einkaufsmöglichkeiten u. v. m. bereit. Lassen Sie uns gemeinsam in die Tiefen des Surfens eintauchen!

Dieses Kapitel beschäftigt sich mit der App Google und dem Browser Chrome. Die Apps sind auf dem Smartphone vorinstalliert und bestechen durch ihr reduziertes Design, wodurch die Internetinhalte im Vordergrund stehen. Viele Suchen enden bei YouTube, einem Portal mit Videos zu Musik, Spielen, Informationen zu und Ausschnitten von Filmen, Sport und Anleitungen zu allen möglichen Themen. Auch diesem wollen wir uns kurz widmen.

9.1 Im Netz surfen

Google-Widget Suche

Um Informationen im Internet zu finden, bietet sich das Google-Widget ❶ auf dem Startbildschirm an. In die Suchleiste können Sie Ihren Suchbegriff eintippen und dann mit der Lupe rechts bestätigen. Nach Eingabe der ersten Buchstaben erscheinen unter dem eingegebenen Begriff Vorschläge. Falls Sie einen vorgeschlagenen Text übernehmen möchten, tippen Sie diese an und die Suche beginnt.

In beiden Fällen erhalten Sie eine Trefferliste mit unterschiedlichen Webseiten.

Tipp: Wer möchte, kann die Anfrage auch diktieren. Tippen Sie dazu auf das Mikrofon-Symbol ❷ in der Suchleiste und stellen Sie zügig Ihre Frage. Es muss sich dabei nicht um einen vollständigen Satz handeln.

Google-App verwenden

Für eine Webseitensuche können Sie nicht nur die Suchleiste auf dem Startbildschirm nutzen, sondern auch direkt in der Google-App fündig werden.

▶ Öffnen Sie die Google-App ⑤ im Ordner *Google*.

Google Lens: Bilderkennung

Suchleiste

Nachrichten

Rubriken:

- Discover: Nachrichten und Neuigkeiten
- Snapshot: wichtige Informationen, Termine, Aufgaben, Empfehlungen etc.
- Suche: Suchleiste mit Verlauf und Trends
- Sammlungen: gespeicherte Webseiten
- Mehr: Einstellungen, Suchaktivitäten etc.

▶ Geben Sie in der Suchleiste einen Begriff ein, z. B. Kürbiskuchen ❶.
Schon nach Eingabe der ersten Buchstaben erscheinen Treffer ❷ zu
Ihrem Begriff. Wählen Sie einen aus. Oder schreiben Sie das Wort/die
Wörter aus und tippen anschließend auf das Lupen-Symbol ⌕ .

▶ Sie erhalten nun eine Trefferliste mit einer Vielzahl an Webseiten zu
Ihrer Suche. Wählen Sie eine Webseite durch Antippen der blauen Sei-
tenbezeichnung ❸ aus. Sie werden nun zu dieser Webseite weitergeleitet. Bevor Sie den Artikel lesen können, müssen Sie beim ersten
Besuch der Seite die Cookies akzeptieren.

Cookies sind Textinformationen, die an den Betreiber der be-
suchten Webseite gesendet werden. Sie enthalten unter anderem die Identifizierung des Surfers und das Speichern be-
stimmter Dienste, z. B. Anmeldedaten, Warenkörbe etc.
Grundsätzlich sind Cookies nicht gefährlich, wenngleich Cookies das Surfverhalten des Internetnutzers analysieren und
daraufhin Werbungen generieren.

▶ Wollen Sie wieder zur Auflistung Ihrer Suchergebnisse, tippen Sie auf die Zurück-Taste 〈 .

▶ Durch vertikales Wischen über die Trefferliste bzw. über den Webseiteninhalt zeigen Sie weitere Informationen an.

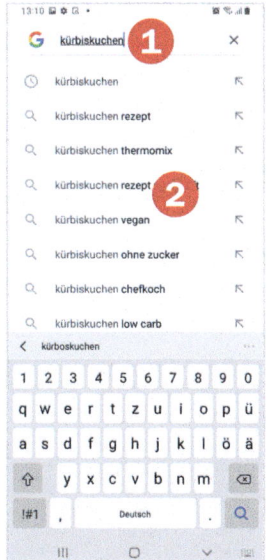  

Google Lens: Nach allem was Sie sehen, können Sie suchen

Alternativ verwenden Sie *Google Lens*. Damit können Sie ein Objekt mit Ihrer Kamera in den Fokus nehmen und dann dazu eine Internetrecherche starten. Damit beantworten Sie ganz leicht Fragen wie: Was für eine Pflanze, Sehenswürdigkeit oder Hunderasse ist das?

▶ Tippen Sie dazu zunächst auf dem Startbildschirm im Google-Widget auf das *G*.

▶ Danach tippen Sie in der Google-Suchleiste auf 🔵 .

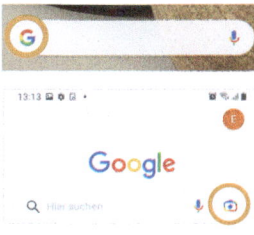

▶ Wählen Sie bei der ersten Verwendung *Kamera öffnen* ❶ und anschließend *Zulassen*, um Google den Zugriff auf Fotos und Videos zu erlauben.

▶ Halten Sie die Kamera auf das Objekt und drücken Sie auf den Auslöser ❷ .

▶ Nun werden Ihnen im unteren Bereich die Informationen zu dem aufgenommenen Bild angezeigt (in unserem Fall Flamingoblumen). Scrollen Sie nach unten ❸, wenn Sie weitere Webseiten sehen wollen.

Die zusätzlichen Funktionen von Chrome

Öffnen Sie *Google Chrome* im Ordner *Google* und geben Sie in der oberen Suchleiste eine Internetadresse oder einen Such-begriff ein, woraufhin Sie zu Google weitergeleitet werden. Wählen Sie hier dann die passende Webseite aus. Auf dieser Webseite haben Sie über ⋮ nun folgende Möglichkeiten:

▶ *Webseite teilen*: Teilen Sie eine interessante Webseite mit einem oder mehreren Kontakten über E-Mail, WhatsApp und Co.

▶ *Zur Leseliste hinzufügen* ☆: Speichern Sie bestimmte Webseiten, um sie später zu lesen (auch ohne Internetverbindung). Unter *Lesezeichen* finden Sie alle Webseiten, die Sie zur Leseliste hinzugefügt haben.

▶ *Auf Seite suchen*: Durchsuchen Sie eine Webseite nach einem bestimm-ten Begriff.

▶ *Zum Startbildschirm hinzufügen*: Legen Sie eine Verknüpfung einer Webseite auf dem Startbildschirm ab, um noch schneller darauf zugreifen zu können.

▶ *Drucken*: Wollen Sie den Artikel in Papierform, drucken Sie ihn einfach aus, indem Sie auf *Teilen...* tippen und anschließend auf *Drucken*.

▶ *Verlauf*: Hier finden Sie alle Browserdaten (hier werden alle Webseiten gespeichert, die Sie besucht haben). Sie können sie mit *Browserdaten löschen...* entfernen.

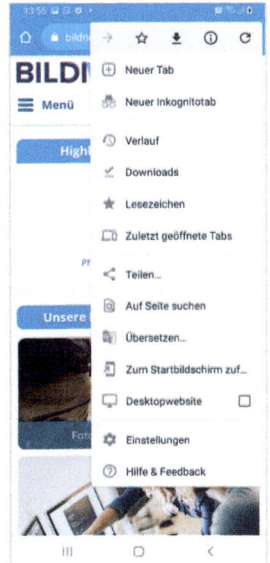

▶ *Neuer Tab*: Öffnen Sie einen neuen Tab (Reiter, in dem Sie sich eine Webseite anzeigen lassen können), indem Sie auf *Neuer Tab* tippen. Die Zahl in dem Quadrat 🔟 in der oberen Leiste gibt an, wie viele Tabs geöffnet sind. Sie können so viele Tabs öffnen, wie es Ihnen beliebt. Zudem können Sie sich alle Tabs anzeigen lassen und zwischen ihnen wechseln.

9.2 YouTube - das Videoportal

YouTube enthält alle Arten von Videos - sowohl informative als auch unterhaltende. Hier finden Sie Musikvideos, Tutorials (Anleitungen) zu allen möglichen Themen, Ausschnitte aus TV-Sendungen u. v. a. m. Auf YouTube findet keine redaktionelle Prüfung der Inhalte auf Richtigkeit statt und so kann jeder auch seine persönlichen Ansichten der Welt mitteilen. Der Zuschauer muss selbst entscheiden, was er glauben möchte.

YouTube und auch die Personen (YouTuber, Influencer), die dort Videos hochladen, finanzieren sich durch Werbeeinblendungen. Aus diesem Grund sehen Sie am Anfang eines Videos und zum Teil auch als Videounterbrechung, Werbefilme. Das ist der Preis für das sonst kostenlose Angebot.

Die App ist auf Ihrem Gerät vorinstalliert. YouTube gehört zum Google-Konzern. Aus diesem Grund finden Sie die App im Google-Ordner.

▶ Öffnen Sie den Google-Ordner ❶ durch Antippen und wählen dann die App *YouTube* ▶️ ❷.

▶ **YouTube Premium:** Beim ersten Start und auch später immer mal wieder wird Ihnen YouTube Premium angeboten. Dieses Angebot würde Sie nach Ablauf des Testzeitraums 11,99 € im Monat kosten. Dafür wird neben weiterer Vorteile keine Werbung mehr eingeblendet. Tippen Sie auf das *x* ❸, um auf dieses Angebot zu verzichten.

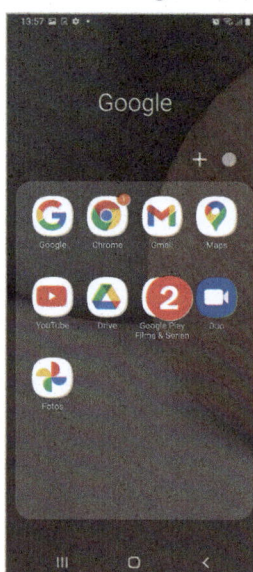
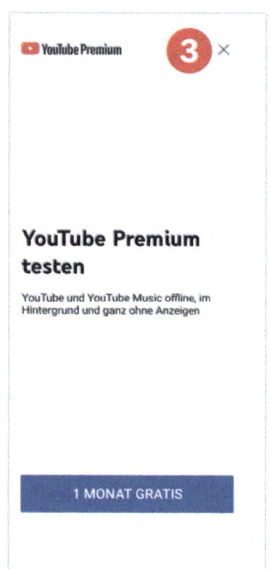

YouTube-Video abspielen

▶ Parallel zum unteren Bildschirmrand finden Sie die YouTube-Bearbeitungsleiste mit den Rubriken *Start* und *Entdecken* ❹. Hier sind zahlreiche Videos aufgelistet. Wischen Sie mit dem Finger nach oben und stöbern Sie in der Liste.

▶ Wenn Ihnen ein Video zusagt, tippen Sie darauf. Das Video wird sofort gestartet. Vor vielen Videos wird zunächst Werbung eingeblendet. Diese können Sie in der Regel nach fünf Sekunden einfach mit einem Tipp auf *Werbung überspringen* ❺ beenden.

▶ Falls das ausgewählte Video keinen Ton hat, kontrollieren Sie die Lautstärke durch Drücken der Lautstärketaste rechts am Handy. Dadurch wird oben die Lautstärkeleiste ❻ eingeblendet. Allerdings ist auch nicht jedes YouTube-Video mit Ton hinterlegt.

▶ Wenn Sie das Video pausieren wollen, tippen Sie auf das Videobild und anschließend auf ⏸. Wieder starten können Sie das Video mit ▶.

Wenn Sie die YouTube-App schließen, wird auch das Video beendet. Sie können also beispielsweise keine Musik hören und zeitgleich in anderen Apps aktiv sein. Das ist nur mit dem kostenpflichtigen Premium-Konto möglich.

▶ Wenn Sie weiterstöbern wollen, betätigen Sie die Zurück-Taste ‹ . Das Video wird nicht beendet, sondern im unteren Bereich eingeblendet. Jetzt können Sie entweder auf *Start* oder *Entdecken* tippen und ein neues Video auswählen. Um das aktuelle Video zu schließen, tippen Sie auf *x* ❼.

▶ **Video suchen:** Verwenden Sie die Suchleiste, indem Sie rechts oben auf die Lupe 🔍 ❽ (siehe Bild oben links) tippen. Geben Sie Ihren Suchbegriff ein und wählen Sie entweder aus den Vorschlägen aus oder tippen Sie auf Ihrer Tastatur auf die Lupe rechts unten.

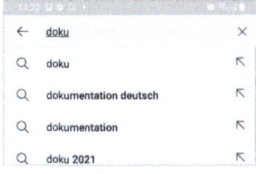

Video im Querformat

Jetzt ist es auf jeden Fall Zeit, das Smartphone mal ins Querformat zu drehen. Wenn dabei schon ein Video läuft, wird dieses in der Regel über den gesamten Bildschirm im sogenannten Vollbildmodus angezeigt. Beim ersten Drehen werden Sie darauf hingewiesen, dass die Navigationsleiste abgeblendet wird. Streichen Sie einmal von der Seite nach innen ❾, um die Navigationsleiste anzuzeigen, und tippen Sie dann auf *OK* ❿. Dies passiert nur beim ersten Mal, um Sie auf diesen Umstand hinzuweisen.

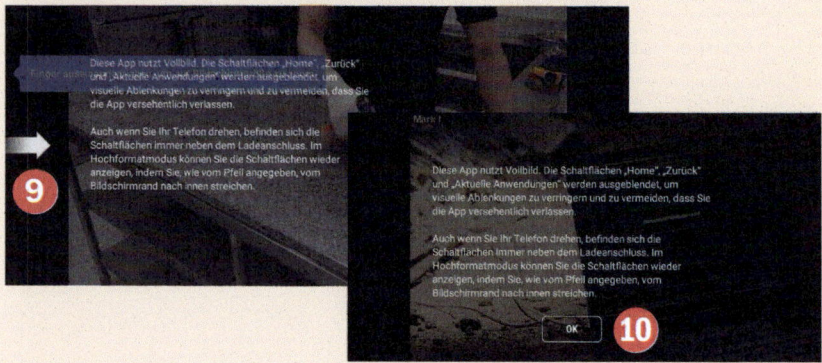

Merken Sie sich: Wenn die Navigationsleiste nicht angezeigt wird, streichen Sie mit dem Finger vom Rand des Bildschirms nach innen und zwar von der Seite, an der sich die Multifunktionsbuchse für den Anschluss des Ladegeräts befindet.

Der Bildschirm dreht nicht

Sollte sich der Bildschirm nicht automatisch drehen, gehen Sie so vor: Öffnen Sie die Schnelleinstellungen, indem Sie vom oberen Bildschirmrand nach unten wischen. Suchen Sie die Option *Porträt* und tippen Sie darauf. Dadurch wird *Bildschirm drehen* aktiviert. Über diesen Weg können Sie jederzeit das Drehen des Bildschirms auch wieder verhindern.

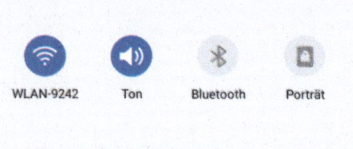
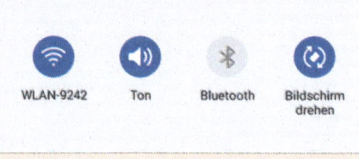

Alles zum Thema Lautstärke

An der rechten Seite des Geräts befindet sich die Lautstärketaste, die wie eine Wippe funktioniert - drücken Sie oben, erhöht sich die Lautstärke, unten wird sie verringert. Gleichzeitig wird auf dem Bildschirm die Lautstärkeleiste angezeigt, die Sie auch mit dem Finger bedienen können.

Die Lautstärke wird in vier Regelungsbereiche unterteilt: Klingelton, Medien, Benachrichtigungen und System. Man kann sagen, dass Klingelton, Benachrichtigungen und System eine Gruppe bilden, da diese automatisch bei einem Anruf, dem Eingang einer SMS etc. ertönen. Mit Medien regeln Sie die Lautstärke, wenn Sie Musik am Smartphone abspielen, ein Video betrachten oder die Hintergrundmusik bei einem Spiel lautlos stellen möchten.

Das hat auch Auswirkungen auf die Lautstärketaste: Wenn Sie die Lautstärketaste in einer App bedienen, die Ton hat (im Bild unten links YouTube ❶), dann regeln Sie damit automatisch die Medienlautstärke. Drücken Sie auf die Lautstärketaste, wenn der Start- oder App-Bildschirm angezeigt wird, verändern Sie die Lautstärke des Klingeltons ❷. Sie erkennen das auch an den unterschiedlichen Symbolen am Anfang der Lautstärkeleiste.

Mit Antippen des nach unten weisenden Pfeils ❸ auf der Lautstärkeleiste erweitern Sie diese und können für alle vier Bereiche die Lautstärke mit dem Finger regeln.

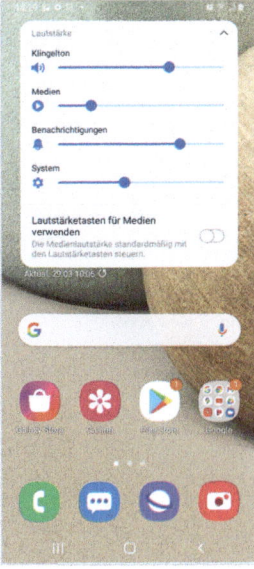

Es gibt drei unterschiedliche Tonmodi - *Ton* ❹, *Vibrieren* ❺ und *Lautlos* ❻. Über die Schnelleinstellungen wechseln Sie leicht zwischen den Modi. Wischen Sie dazu vom oberen Bildschirmrand nach unten und tippen Sie auf das Lautsprechersymbol.

Jeweils durch einen Tipp wechselt die Einstellung von *Ton* auf *Vibrieren* dann auf *Lautlos* und wieder zurück zu *Ton*. Bei der Einstellung *Vibrieren* ertönt bei einem Anruf kein Klingelton mehr, sondern das Smartphone vibriert nur.

Wenn Sie das Smartphone auf lautlos stellen, hören Sie keinen Anruf- oder Benachrichtigungston mehr. Wichtig zu wissen ist, dass ein eingestellter Alarm trotzdem ertönt. Auch ein Video, dass Sie in YouTube betrachten, wird nicht lautlos abgespielt. Hier müssen Sie die Medienlautstärke verringern.

10 Unterwegs und im Urlaub

10.1 Navigation mit Google Maps

Google Maps ist auf Ihrem Gerät vorinstalliert, kostenlos und hilft
Ihnen den richtigen Weg zu finden. Die App zeigt Ihnen die beste Route zu
Ihrem Wunschziel und berücksichtigt dabei sogar die aktuelle Verkehrslage.

▶ Zuallererst müssen Sie kontrollieren, ob der Zugriff auf den Standort aktiviert ist, sodass Google Maps Ihren aktuellen Standort abfragen kann.
Wischen Sie mit dem Finger vom oberen Bildschirmrand nach unten
und tippen Sie ggf. in den Schnelleinstellungen auf *Standort* ⊙. Wenn
das Symbol blau ist, ist die Positionsermittlung eingeschaltet.

Eine Route festlegen

▶ Öffnen Sie *Maps* ⊙ im Ordner *Google* ▦ auf Ihrer Startseite.

▶ **Ziel auswählen:** Geben Sie in der Suchleiste ❶ die Zieladresse ein. Beginnen Sie mit der Straße, dann Hausnummer gefolgt vom Ort. Tippen Sie
auf die Lupe auf der Tastatur, um den gesuchten Ort auf der Karte anzuzeigen. Meist müssen Sie gar nicht alles eingeben, da Sie in der Trefferliste schon passende Vorschläge erhalten. Tippen Sie diesen dann an.

Bei langen Straßen ist es sinnvoll, die Hausnummer einzugeben. Wenn Sie einen Vorschlag verwenden möchten, tippen Sie bei
diesem auf *Hausnummer festlegen* ❷. Der
Vorschlag wird ins Suchfeld übernommen
und Sie können dann sofort die Hausnummer
eintippen. Danach verwenden Sie wieder das
Lupen-Symbol auf der Tastatur.

▶ **Route bestimmen:** Tippen Sie links unten auf *Route* ❸. Google Maps zeigt
Ihnen die schnellste Route unter Berücksichtigung der Verkehrslage in
blauer Farbe an. Der Kartenausschnitt beinhaltet mehrere Routen (alternative Routen sind grau dargestellt). Wählen Sie eine andere Route
aus, indem Sie auf diese tippen. Unten sehen Sie für die ausgewählte
Route die zu fahrenden Kilometer und die aktuelle Fahrzeit ❹.

▶ **Wie bin ich unterwegs?** Zur Bestimmung der besten Route ist natürlich auch wichtig, ob Sie mit dem Auto, dem Fahrrad oder gar zu Fuß unterwegs sind. Zur Auswahl des Verkehrsmittels tippen Sie das passende Symbol ❺ an; das kann selbstverständlich die Streckenführung beeinflussen.

▶ **Startpunkt manuell festlegen:** Durch die Standortfreigabe ermittelt Maps Ihre aktuelle Position und zeigt die Route beginnend bei Ihrem aktuellen Standort an. Sie können allerdings auch einen anderen Startpunkt wählen. Tippen Sie auf *Mein Standort* ❻ und geben Sie einen anderen Ort ein.

Navigation beginnen und beenden

▶ Mit der Schaltfläche *Starten* ❼ beginnen Sie die Navigation, neben der Anzeige am Bildschirm ertönt dann auch eine Stimme, die die Abzweigungen rechtzeitig und mehrfach nennt. Eventuell müssen Sie die Lautstärke am Smartphone anpassen.

▶ Wenn Sie die Navigation abbrechen möchten, tippen Sie unten links auf *x*.

Offline-Wegbeschreibungen

Bei Verbindungsproblemen und vor allem im Urlaub sind Offline-Karten toll. Damit laden Sie die Wegbeschreibung einfach auf Ihr Smartphone und sind damit unabhängig.

▶ **Für eine eingegebene Route eine Offline-Karte herunterladen:** Geben Sie, wie bereits beschrieben, einen Zielort in Google Maps ein und tippen Sie dann auf *Route*. Zur angezeigten Route wird eine Offline-Wegbeschreibung ❶ angeboten, die Sie durch Antippen herunterladen können.

▶ **Kartenausschnitt herunterladen:** Geben Sie einen Ort ein für den und dessen Umgebung Sie eine Offline-Karte benötigen. Tippen Sie unten auf den Bereich mit dem Ortsnamen und anschließend auf *Herunterladen* ❷. Sie können jetzt mit dem Finger den Kartenausschnitt verschieben, um andere Orte einzubeziehen. Außerdem können Sie den angezeigten Bereich etwas kleiner zoomen (Daumen und Zeigefinger auf der Karte aufeinander zu bewegen), um weitere Gebiete in den Download aufzunehmen. Dieser wird dadurch größer. Wie viel Megabyte (MB) heruntergeladen werden, sehen Sie unten. Bestätigen Sie den Download nochmals mit *Herunterladen*. Dass ein Download durchgeführt wird, erkennen Sie an diesem Symbol ⬇ in der Statusleiste.

▶ Die Offline-Karte wird automatisch verwendet, wenn Sie über keine Internetverbindung verfügen. In diesem Fall erhalten Sie keine Informationen zur Verkehrslage und auch keine zu Fahrrad- oder Fußwegen.

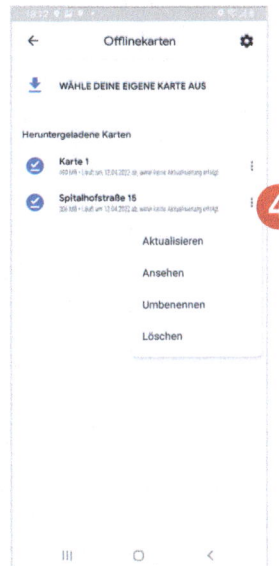

▶ **Offline-Karte verwalten:** Sie finden sie, wenn Sie in Maps rechts oben auf Ihr Profilsymbol ❸ tippen. Wählen Sie im Menü *Offline-Karten* aus.

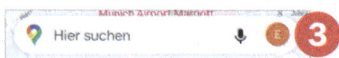

▶ Tippen Sie auf das drei Punkte-Symbol ❹ (siehe Abbildung vorige Seite) hinter der heruntergeladenen Karte. Diese kann nun gelöscht oder aktualisiert werden.

> Heruntergeladene Karten sind 30 Tage offline verfügbar. Löschen Sie sie wieder, wenn Sie sie nicht mehr benötigen, damit nicht unnötig Speicherplatz verschwendet wird.

10.2 Mit der Bahn verreisen

Für eine Reiseauskunft muss man nicht immer zum Bahnhof. Sie können die Informationen schnell im Internet nachschlagen. Wer öfter mit der Bahn verreist, kann auch die App der Deutschen Bahn herunterladen.

▶ Geben Sie, wie auf Seite 129 beschrieben, den Suchbegriff *Bahn* in die Google-Suchleiste ein und öffnen Sie die Webseite.

▶ Auf der Startseite sehen Sie sofort die Reiseeingabefelder (Abfahrts- und Ankunftsort, Datum und Uhrzeit). Geben Sie in die Felder die entsprechenden Details ein ❶.

▶ Sobald Sie eine Eingabe tätigen, erscheinen weitere Felder, z. B. wie viele Reisende, Erwachsene oder Kinder, mit oder ohne Bahncard ❷. Wählen Sie das Passende aus.

▶ Bestätigen Sie Ihre Eingaben mit *Suchen* ❸.

▶ Es wird eine Liste mit verschiedenen Abfahrten angezeigt. Tippen Sie auf *Früher* ❹ oder *Später* ❺, um sich Informationen von vorherigen bzw. kommenden Abfahrten anzeigen zu lassen.

▶ Wenn Sie auf *Details einblenden* ❻ tippen, werden Ihnen weitere Informationen angezeigt. Über *Zwischenhalte einblenden* sehen Sie, wo und wann der Zug auf der Strecke hält.

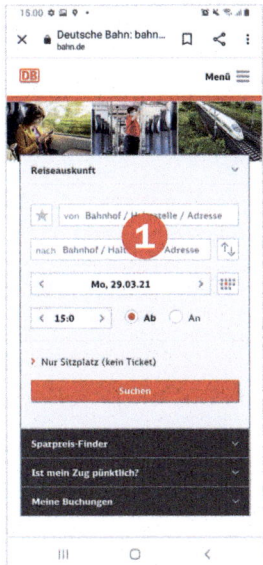  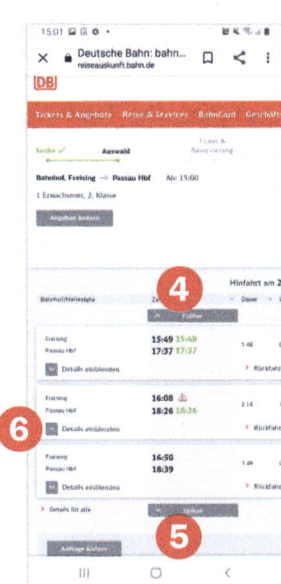

10.3 Das Wetter im Blick haben

Das Widget *Wetter* haben Sie ja bereits kennengelernt und eingerichtet (siehe Seite 64).

> Damit die App Ihren aktuellen Standort und somit das Wetter ermitteln kann, ist es von Vorteil, wenn Sie GPS aktivieren. Wischen Sie mit dem Finger vom oberen Bildschirm nach unten (eventuell ist ein zweites Wischen erforderlich, damit das Symbol zum Vorschein kommt) und tippen Sie auf *Standort* ⊙.

▶ Tippen Sie auf das Wetterwidget, um genauere Informationen zu erhalten. Das aktuelle Wetter sowie die Wetterprognose der nächsten Tage werden angezeigt ❶.

▷ Unter der Wochenprognose finden Sie eine praktische Rubrik, den *Regenradar* ❷. Wenn Sie auf *Mehr* ❸ tippen, können Sie potenzielle Regenwolken über Ihren aktuellen Standort ziehen sehen. Der Radar kann berechnen, wie sich die Wolken in den nächsten Stunden bewegen. Tippen Sie dazu auf ▶ ❹.

▷ Wenn Sie mit der Zurück-Taste 〈 wieder zur App wechseln und dort ganz nach unten wischen, sehen Sie weitere Informationen, z. B. UV-Index, Wind, Feuchtigkeit, Pollen etc. ❺.

Sie können beliebig viele Orte in der App hinzufügen.

▷ Tippen Sie auf das + rechts oben ❻ (siehe voriges Bild) und geben Sie einen Ort ein. Das Wetter für diesen Ort wird nun in der App angezeigt.

▷ Um zwischen verschiedenen Orten zu wechseln, tippen Sie auf ☰.

▷ Wenn Sie einen Ort entfernen wollen, wählen Sie *Standort verwalten* ❼ und dann rechts oben ⋮.

▷ Statten Sie den zu entfernenden Ort mit einem Häkchen aus und bestätigen Sie unten links mit *Löschen*.

 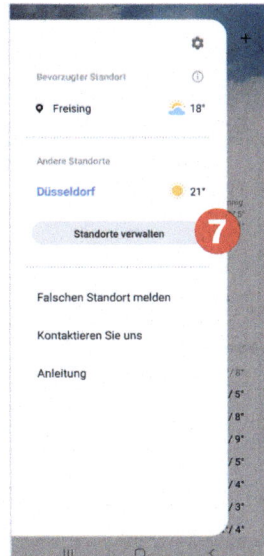 

10.4 Was sollten Sie im Ausland beachten

Das Smartphone ist natürlich auch im Urlaub ein wertvoller Begleiter. Allerdings kann es, wenn Sie Ihr Smartphone im Ausland (im Besonderen außerhalb der EU) so verwenden wie Zuhause, schnell teuer werden. Hier gibt es einiges zu beachten.

Überlegen Sie sich vor Reiseantritt, über Google-Maps eine Offline-Karte der Region herunterzuladen. Stöbern Sie im Play Store, ob es für das Urlaubsziel Apps zu Sehenswürdigkeiten, Wanderwegen oder Busnetzen gibt. Vielleicht benötigen Sie auch einen Währungsumrechner. Apps, die Sie für den Urlaub herunterladen, sollten nach Möglichkeit auch offline, also ohne Verbindung zum Internet, verwendbar sein. Das ist natürlich nicht immer möglich.

Was ist mit Roaming oder Daten-Roaming gemeint?

Wenn Sie ins Ausland reisen, verbindet sich Ihr Smartphone mit dem ausländischen Mobilfunknetz. Da Sie auf der Grundlage Ihres Vertrags in der Regel nur für die Nutzung des Mobilfunknetzes Ihres Anbieters bezahlen, fallen für die Verwendung des fremden Netzes zusätzliche Gebühren an, z. B. für Anrufe, die Sie erhalten oder tätigen, für das Surfen im Internet mit dem Smartphone oder für das Versenden von Nachrichten in WhatsApp.

Eine Möglichkeit, wie Sie diesen sogenannten Roaming-Gebühren im Ausland entgehen können, ist, das Smartphone nur zu nutzen, wenn dieses mit einem WLAN (z. B. das WLAN des Hotels) verbunden ist. Durch die EU-Roaming-Verordnung von 2017 soll mit diesen Zusatzkosten zumindest im EU-Ausland Schluss sein. Die Idee ist, dass Sie im EU-Ausland telefonieren, surfen oder Nachrichten verschicken und dabei nur den Tarif bezahlen, den Sie im Heimatland bezahlen würden.

Welche Regelung genau für Ihren Vertrag gelten, müssen Sie vor Reiseantritt mit Ihrem Anbieter oder durch Durchsicht Ihres Vertrags klären. Verlassen Sie sich nicht pauschal darauf, dass keine Roaming-Gebühren entstehen.

Die Mailbox - also der Anrufbeantworter Ihres Smartphones - sollte vor Reiseantritt ebenfalls deaktiviert werden. Auch das kann zusätzliche Kosten verursachen. Erkundigen Sie sich auch hier bei Ihrem Mobilfunkanbieter.

> **Eine Kreuzfahrt, die ist lustig** Aber Achtung! Auf Schiffen oder in Flugzeugen gilt die EU-Roaming-Verordnung nicht. Hier können hohe Roaming-Gebühren anfallen. Auch das WLAN auf einem Kreuzfahrtschiff oder im Flugzeug kostet in der Regel extra.

Daten-Roaming aktivieren bzw. deaktivieren

Überprüfen Sie vor Antritt einer Auslandsreise ins Nicht-EU-Ausland, ob das Daten-Roaming ausgeschaltet ist. Bei ausgeschaltetem Daten-Roaming können Sie nicht im Internet surfen und erhalten auch keine WhatsApp-Nachrichten.

Im EU-Ausland können Sie das Daten-Roaming in der Regel aktivieren. Sie erhalten von Ihrem Anbieter eine entsprechende SMS, die Sie über die geltenden Regelungen informiert.

▶ Öffnen Sie die *Einstellungen* ⚙ und tippen Sie auf *Verbindungen* ❶.

▶ Wählen Sie dann *Mobile Netzwerke* ❷ aus.

▶ Ganz oben finden Sie nun Daten-Roaming. Im Bild rechts ist das Daten-Roaming ausgeschaltet ❸.

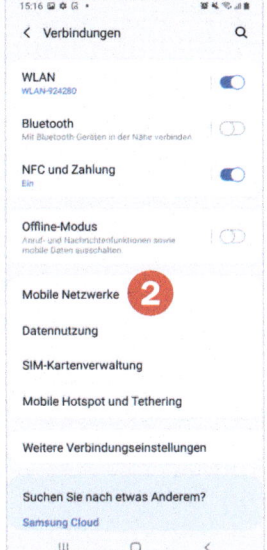
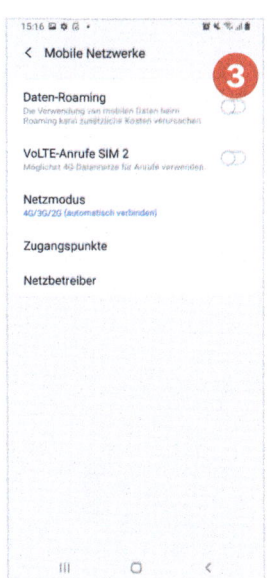

▷ Wenn Sie das Daten-Roaming einschalten möchten, ziehen Sie den Regler mit dem Finger nach rechts.

Smartphone mit einem WLAN verbinden

Bei Freunden, im Hotel oder Ferienhaus können Sie sich mit dem vorhandnen WLAN verbinden.

▷ Tippen Sie auf *Einstellungen* ⚙ und wählen Sie *Verbindungen* und dann *WLAN* ❶ aus. Es erscheint eine Liste aller verfügbaren Netzwerke in der Umgebung.

▷ Tippen Sie das gewünschte WLAN ❷ an und geben Sie das Kennwort ein, welches Sie vom Hotel oder dem Freund erhalten haben. Dann tippen Sie auf *Verbinden* ❸ .

▷ In Hotels kann es vorkommen, dass Sie sich nach dem Verbindungsaufbau noch zusätzlich anmelden müssen. Dazu wird in der Regel eine Webseite in Ihrem Browser angezeigt, in die Sie Ihre E-Mail-Adresse und weitere Informationen eingeben müssen.

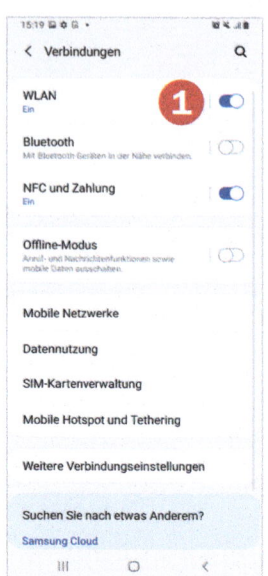

> **Achtung!** In Hotels oder Ferienwohnungen muss das angebotene WLAN nicht immer kostenlos zur Verfügung stehen. Erkundigen Sie sich, bevor Sie sich verbinden.

Offline-Modus

Im Offline-Modus, auch Flugmodus genannt, sind mobile Daten, WLAN und Bluetooth ausgeschaltet. Sie sind telefonisch nicht erreichbar und erhalten auch keine SMS oder WhatsApp-Nachrichten. Natürlich können Sie auch nicht im Internet surfen.

▷ Öffnen Sie die Schnelleinstellungen und tippen Sie auf *Offline-Modus* ❶. Das Feld wird blau und ist somit aktiv ❷.

▷ Sie sehen auch, dass der Offline-Modus aktiv ist, am Flugzeugsymbol in der Statusleiste.

▷ Auf demselben Weg schalten Sie den Flugmodus auch wieder aus.

Tipp! Sie können nach Einschalten des Offline-Modus die Option *Bluetooth* ❸ durch Antippen wieder aktivieren, falls Sie mit einem Bluetooth-Kopfhörer Musik über das Smartphone hören möchten.

Was ist Bluetooth und wozu brauche ich es?

Bluetooth ist eine Methode zur Datenübertragung via Funk zwischen zwei Geräten, die nicht weiter als zehn Meter voneinander entfernt sind. Damit können Sie verschiedene Geräte kabellos miteinander verbinden, beispielsweise Ihr Smartphone mit Bluetooth-Kopfhörern oder einem -Lautsprecher, um Musik vom Handy zu übertragen. Durch Bluetooth können Sie auch Ihr Smartphone mit der Freisprechanlage im Auto verbinden oder mit einem anderen Smartphone. Bluetooth benötigen Sie auch für die Corona-Warnapp. Hier wird ein aktives Bluetooth etwas zweckentfremdet zur Abstandsmessung genutzt. Falls Sie die Corona-Warnapp installiert haben, müssen Sie dann auch Bluetooth aktivieren. Dazu wischen Sie vom oberen Bildschirmrand nach unten zur Anzeige der Schnelleinstellungen und tippen auf *Bluetooth*.

11 Daten übertragen

Der Umzug von einem Smartphone auf das nächste ist vielleicht ganz schnell geschehen. Manchmal treten Probleme auf und man muss sich überlegen, wie man zuverlässig alle Daten von einem auf das andere Smartphone übertragen kann. Den einen Weg gibt es nicht, da zu viele Faktoren in den Übertragungsprozess hineinspielen, z. B. Handymodell, installierte Apps, welche Daten werden synchronisiert usw. Wir zeigen Ihnen, wie Sie die Daten mit Samsung Switch übertragen. Das hat für uns immer gut funktioniert. Dennoch sollten Sie vorher einige Sicherungen einbauen.

Vorbereitung

▶ Jetzt ist ein guter Zeitpunkt, Ihr altes Smartphone aufzuräumen.

▶ Kopieren Sie Daten, wie z. B. Musik oder Fotos, via Datenkabel auf Ihren PC, wie auf Seite 114 beschrieben.

▶ Falls nicht vorhanden, erstellen Sie eine Liste aller verwendeten Konten mit E-Mail-Adresse und Kennwort: allen voran natürlich das Google-Konto und ggf. das Samsung-Konto, aber auch alle Cloud-Speicher, die Sie in Gebrauch haben, und das Amazon-Konto etc.

▶ Erstellen Sie Back-ups wo möglich. Die Inhalte von WhatsApp können beispielsweise auf Google-Drive gesichert werden und so ganz leicht auf das neue Smartphone übertragen werden. Ihre Kontaktdaten werden wahrscheinlich mit dem Gmail-Konto synchronisiert usw.

▶ Erstellen Sie Screenshots (siehe Seite 127) von Ihren Start- und App-Bildschirmen und übertragen Sie diese ebenfalls auf Ihren PC. So haben Sie eine Vorlage, falls etwas schief geht.

Smart Switch

Smart Switch ist eine kostenlose App von Samsung. Mit ihr werden nicht nur Fotos, sondern auch Kontaktdaten, Apps, Geräteeinstellungen und sogar das Hintergrundbild des Startmenüs übertragen.

▶ Achten Sie darauf, dass beide Smartphones aufgeladen sind. Für den Datenaustausch müssen beide Handys mit demselben WLAN verbunden sein. Für das alte Smartphone ist das schon der Fall und das neue

Smartphone verbinden Sie im Einrichtungsprozess. Schalten Sie beim alten Smartphone *WLAN automatisch verbinden* aus, da das den Übertragungsprozess stören kann. Dazu wählen Sie *Einstellungen* ▶ *Verbindungen* und *WLAN*. Tippen Sie dann auf das Zahnrad-Symbol neben dem verbundenen WLAN und ziehen Sie den Regler bei *Automatisch erneut verbinden* auf *Aus*.

▶ **Smart Switch herunterladen:** Kontrollieren Sie für Ihr altes Smartphone, ob Smart Switch auf dem Gerät installiert ist. Öffnen Sie *Einstellungen* ▶ *Konten und Sicherung* und tippen Sie auf *Smart Switch*. Falls Smart Switch noch nicht installiert ist, finden Sie unten die Schaltfläche *Download*. Tippen Sie diese an.

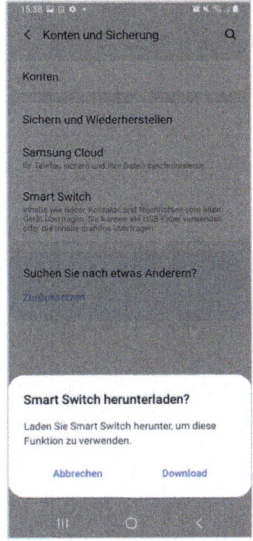

▶ **Neues Smartphone einrichten:** Beginnen Sie mit der Einrichtung Ihres Smartphones, wie ab Seite 24 beschrieben. Tippen Sie bei *Apps & Daten kopieren* auf *Weiter* ❶. Und dann ebenfalls bei *Dein altes Gerät verwenden* auf *Weiter*.

▶ Danach müssen Sie auswählen, ob Ihr altes Gerät ein Android-Gerät oder iPhone ist ❷. Im Anschluss stimmen Sie den Datenschutzhinweisen und AGBs durch Antippen von *Zustimmen* zu.

▶ Entscheiden Sie sich dann für eine Verbindung. Wir wählen hier *Drahtlos* aus. Deaktivieren Sie auch bei Ihrem neuen Smartphone *Automatisch erneut verbinden*. Tippen Sie dann unten auf den Zurück-Pfeil ❸.

> **Achtung!** Verlassen Sie sich nicht darauf, dass alles kopiert wurde. Kontrollieren Sie die Inhalte des neuen Smartphones, bevor Sie das alte Handy zurücksetzen.

▶ Öffnen Sie auf Ihrem alten Gerät Smart Switch. Geben Sie dazu auf dem App-Bildschirm im Suchenfeld *Smart Switch* ein. Dann tippen Sie auf *Daten senden*. Wählen Sie auch hier die Verbindungsart *WLAN* aus. Dann müssen Sie auf dem alten Gerät zulassen, dass eine Verbindung hergestellt wird.

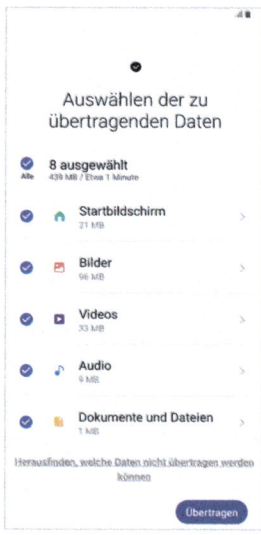

▶ Auf dem neuen Gerät sehen Sie jetzt, was übertragen wird. Sie können noch etwas abwählen, dann tippen Sie auf *Übertragen* ❹.

▶ Nun fahren Sie mit der Einrichtung fort. Das Google-Konto müssen Sie jetzt nachträglich hinzufügen. Wie das geht, erfahren Sie auf Seite 28.

Smartphone zurücksetzen

Sie sollten Ihr Smartphone erst zurücksetzen, wenn Sie kontrolliert haben, dass Ihr neues Smartphone alle gewünschten Daten enthält. Das Zurücksetzen auf Werkseinstellungen bedeutet, dass das Smartphone auf den Auslieferungszustand zurückgesetzt wird. Beim Einschalten des Smartphones muss dieses erneut eingerichtet werden.

Konto löschen

Löschen Sie zur Sicherheit zunächst die hinterlegten Konten. Dazu öffnen Sie die *Einstellungen* ▶ *Konten und Sicherung* ❶ und tippen auf *Konten* ❷. Hier wählen Sie dann das Google-Konto durch Antippen aus ❸ und wählen dann *Konto entfernen*. Analog verfahren Sie mit den weiteren Konten.

Das Konto wird selbstverständlich nur von diesem Gerät gelöscht. Für Ihr nächstes Smartphone können Sie dasselbe Google-Konto wiederverwenden. Wenn Sie Daten auf Google gesichert haben, müssen Sie sogar dasselbe Konto verwenden, sonst haben Sie keinen Zugriff auf die Sicherungen.

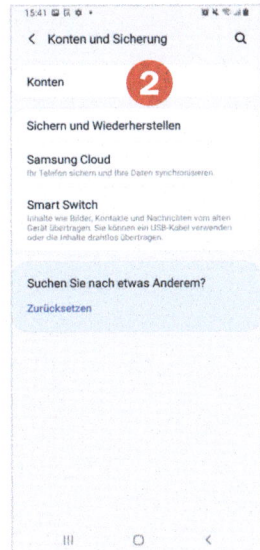

Auf Werkseinstellungen zurücksetzen

Öffnen Sie *Einstellungen* ▶ *Allgemeine Verwaltung* ▶ *Zurücksetzen* ▶ *Auf Werkseinstellungen zurücksetzen*. Sie erhalten eine Auflistung, mit welchen Konten Sie angemeldet sind. Wischen Sie nach unten und tippen Sie auf *Zurücksetzen* und im nächsten Schritt auf *Alles löschen*.

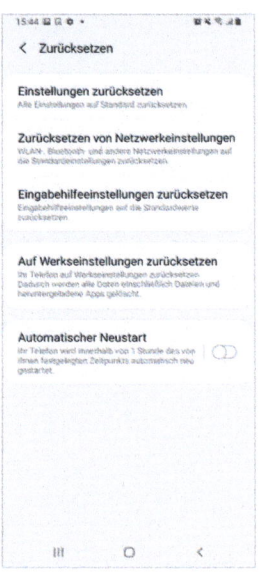

Glossar

Account
Englische Bezeichnung für ein Konto, z. B. ein E-Mail-Konto. Siehe Konto.

App (Anwendung)
Der Begriff App ist eine Abkürzung der englischen Bezeichnung Application, zu deutsch Anwendung oder Programm. Im Gegensatz zu herkömmlichen Desktop-Anwendungen wurden die Windows Apps speziell für die Arbeitsoberfläche von Windows 10 entwickelt und für die Fingerbedienung optimiert.

Bildschirm-Timeout
Wenn Sie für kurze Zeit nichts am Smartphone machen, dann wird der Bildschirm ausgeschaltet und das Handy automatisch mit dem Sperrbildschirm geschützt. Diese Funktion nennt sich Bildschirm-Timeout.

Bluetooth
Bluetooth ist eine Methode zur Datenübertragung via Funk über eine Distanz von nicht mehr als 10 Meter. Damit können Sie verschiedene Geräte kabellos miteinander verbinden, beispielsweise Ihr Smartphone mit Bluetooth-Kopfhörern oder einem -Lautsprecher, um Musik vom Handy zu übertragen. Durch Bluetooth können Sie auch Ihr Smartphone mit der Freisprechanlage im Auto verbinden oder mit einem anderen Smartphone.

Browser
Als Browser (engl. to browse = durchsuchen) bezeichnet man Apps, mit denen Sie im Internet surfen, z. B. Google.

Datenvolumen
Als Teil Ihres Vertrags für Ihr Smartphone wird Ihnen ein bestimmtes Datenvolumen für den laufenden Monat zur Verfügung gestellt, z. B. 1 GB (ein Gigabyte). Dieses Datenvolumen verbrauchen Sie, wenn Sie nicht mit einem WLAN-Netzwerk verbunden sind und im Internet surfen oder WhatsApp verwenden.

Chat	Als Chat bezeichnet man eine Unterhaltung bzw. einen Austausch von kleinen Textnachrichten über das Internet.
Chrome	Browser von Google, mit dem Sie ebenfalls Seiten im Internet anzeigen.
Cloud-Speicher	Als Cloud-Speicher bezeichnet man die Nutzung von Dienstleistungen wie Software und Speicherplatz über das Internet. Der Begriff „Cloud" (zu deutsch Wolke) rührt daher, dass für die Nutzer der genaue Ursprung und Speicherort nicht nachvollziehbar und undurchsichtig („im Nebel") ist. In der Cloud speichern bedeutet somit nichts anderes, als Daten nicht auf dem lokalen Speicher des eigenen Smartphones, sondern irgendwo auf einem anderen Computer im Internet zu speichern.
Display	Unter Display versteht man den digitale Anzeigebereich, also der Bildschirm. Auf einem Touchdisplay können Eingaben mittels Antippen erfolgen.
E-Mail	Eine E-Mail ist ein "elektronischer" Brief, der über das Internet versendet wird.
Emoji	Ein Emoji, übersetzt etwa Bildschriftzeichen, ersetzt insbesondere in Kurznachrichten, z. B. E-Mail und Chats längere Begriffe. Emojis können Gesichter bzw. Gesichtsausdrücke darstellen, aber auch Herzen, Gesten usw.
Facebook	Facebook ist ein soziales Netzwerk, in dem man sich ein Mitgliederprofil erstellen und damit Texte, Fotos, Videos etc. hochladen kann. Außerdem ist es möglich, Inhalte zu bewerten und zu kommentieren und sie mit anderen Nutzern zu teilen.
Galaxy Store	Das ist das Samsung-Einkaufszentrum für Apps. Auch hier gibt es ein kostenloses Sortiment; ein Besuch lohnt sich, aber das umfangreichere Angebot finden Sie im Play Store.

Galerie	Dient der Anzeige und Bearbeitung Ihrer Fotos und Videos. Die Galerie ist eine Samsung-App.
Gmail	App zum Empfangen und Versenden von E-Mails. Die Gmail-Adresse, die Sie bei der Einrichtung des Smartphones verwendet haben, ist hier bereits hinterlegt.
Google	Die Google-App ist kein Browser im engeren Sinne, obwohl Sie auch mit dieser Suchanfragen stellen und das Internet durchsuchen können. Darüber hinaus bietet sie noch weitere Funktionen, z. B. Zusammenstellung aktueller Nachrichten.
Google Assistant	Mit diesem Dienst steuern Sie Ihr Smartphone via Sprachbefehl. Sie können sich einen Witz erzählen lasse, nach dem Wetter fragen oder Ihr Smartphone beauftragen eine Person anzurufen.
Google Drive	Cloud-Speicher von Google. 15 GB kostenloser Speicherplatz steht zur Verfügung.
GPS	Global Positioning System (Globales Positionsbestimmungssystem) bedeutet, dass Ihr aktueller Standort ermittelt wird. Um Akku zu sparen, sollten Sie es nur aktiviert haben, wenn Sie eine App mit dieser Funktion nutzen.
Hotspot	Als Hotspot bezeichnet man einen öffentlichen Internetzugang, meist kostenloses WLAN, in das man sich einloggen kann.
Konto	Ein Konto wird im Internet zur Nutzung verschiedener Angebote benötigt, z. B. E-Mail oder in Form eines Kundenkontos beim Einkaufen im Internet. Zu einem Konto gehören immer E-Mail-Adresse und ein Kennwort. Die E-Mail-Adresse ist weltweit einzigartig und erfüllt eine ähnliche Funktion wie die Kontonummer eines Bankkontos.

Link (Hyperlink)	Als Link oder Hyperlink bezeichnet man einen Verweis auf eine Information, die sich an einem anderen Ort befindet. Ein Antippen eines Links genügt, um zu dieser Stelle zu gelangen. Auf diese Weise „surfen" Sie im Internet zwischen den unterschiedlichsten Seiten.
Malware	Als Malware, z. B. Viren, bezeichnet man eine Software, die entwickelt wurde, um in Systemen Schäden zu verursachen. Viren kann man sich unter anderem im Netz beim Surfen, beim Öffnen eines E-Mail-Anhangs etc. einfangen. Mit der nötigen Software kann man dem aber entgegenwirken.
Maps	Karten-App von Google, hier können Sie nach Adressen suchen und eine Navigation von Ort zu Ort durchführen.
Online/Offline	Online bedeutet, dass Sie mit dem Internet verbunden sind. Offline hingegen ist das Gegenteil.
Pixel (Megapixel)	Als Pixel bezeichnet man die Bildpunkte, die zur Darstellung auf dem Bildschirm verwendet werden. Die Auflösung eines Bildschirms gibt die Anzahl der darstellbaren Pixel pro Zeile und Spalte an. Eine Million Pixel bilden zusammen ein Megapixel.
Play Store	Hier können kostenlose aber auch kostenpflichtige Apps, Spiele, Filme und Bücher heruntergeladen werden. Dieser Store wird von Google zur Verfügung gestellt.
QR-Code	QR steht für Quick Response (schnelle Antwort). Ein QR-Code liefert Informationen, wenn man ihn mit dem Smartphone einscannt, z. B. Webadressen, Telefonnummern etc.
Router	Router sind kleine Geräte, die in einem lokalen, d. h. räumlich begrenzten Netzwerk die korrekte Übermittlung der Daten regeln und das Netzwerk mit dem Internet verbinden. Aus Sicherheitsgründen sollte jeder Router mit einem Kennwort gesichert werden.

Samsung Notes	App zum Speichern von Notizen, wie z. B. einer Einkaufsliste. Es gibt Notizen-Apps wie Sand am Meer, wenn Ihnen dieses nicht zusagt, installieren Sie einfach ein anderes.
Screenshot	Wenn man einen Screenshot macht, wird der aktuelle Bildschirminhalt abfotografiert und automatisch abgespeichert.
Scrollen	Als Scrollen bezeichnet man das horizontale und/oder vertikale Verschieben des sichtbaren Bildschirmausschnitts. Sie streifen dazu mit dem Finger über den Bildschirm.
SIM-Karte	Eine SIM-Karte ist eine Chipkarte, die ins Smartphone eingelegt wird. Ohne SIM-Karte ist das Telefonieren und das Versenden von SMS nicht möglich.
Standort	Wenn Sie die Standortermittlung zulassen, dann wird die Position Ihres Smartphones via GPS ermittelt. Viele Apps (Wetter, Google-Suche, Google-Maps, Fahrpläne etc.) nutzen diese Standortinformationen, um Ihnen passgenaue Informationen anzubieten.
Update	Sowohl Ihre Apps als auch die Software Ihres Smartphones erhält von Zeit zu Zeit Aktualisierungen, um Sicherheitslücken zu schließen, Fehler zu beheben, bestehende Funktionen zu verbessern oder neue hinzuzufügen.
WhatsApp	Schreiben Sie Nachrichten, versenden Sie Fotos oder telefonieren Sie mit der Familie mit Übertragung eines Videos. Diese App muss heruntergeladen werden.
Widget	Mit Widgets, beispielsweise die Wetter- oder Kalender-App, kann man sich eine Menge Zeit sparen, wenn man die Informationen einer App nur auf den ersten Blick abrufen kann. Widgets sind Apps, die man nicht öffnen braucht, um das Wichtigste zu sehen und man kann sie in verschiedenen Größen auf dem Startbildschirm anordnen.

WLAN	WLAN steht für Wireless Local Area Network, also ein kabelloses lokales Netzwerk. Für Zuhause haben Sie wahrscheinlich einen Router (Internetzugang über die Telefonleitung) oder ein Kabelmodem (Internetzugang über eine TV-Kabelverbindung) erhalten und eingerichtet. Mit diesem Gerät verbinden Sie Ihr Smartphone, aber auch den Computer, Laptop oder das Tablet und erhalten dadurch eine Verbindung zum Internet. Außerhalb eines WLANs verbindet sich das Smartphone über das Mobilfunknetz mit dem Internet (mobile Datenverbindung).
YouTube	Portal mit Videos zu fast allen Themen, kann kostenlos verwendet werden.
Zwei-Wege-Authentifizierung	Das ist ein zusätzlicher Sicherheitsschutz. Ein Account wird nicht nur durch ein Passwort geschützt, sondern durch eine weitere Abfrage.

Index